미래학자
고난을 말하다

미래학자 고난을 말하다
© 생명의말씀사 2024

2024년 3월 27일 1판 1쇄 발행

펴낸이 | 김창영
펴낸곳 | 생명의말씀사

등록 | 1962. 1. 10. No.300-1962-1
주소 | 서울시 종로구 경희궁1길 6 (03176)
전화 | 02)738-6555(본사) · 02)3159-7979(영업)
팩스 | 02)739-3824(본사) · 080-022-8585(영업)

지은이 | 최윤식

기획편집 | 서정희, 장주연
디자인 | 김혜진
인쇄 | 영진문원
제본 | 다온바인텍

ISBN 978-89-04-16878-1 (03230)

저작권자의 허락 없이 이 책의 일부 또는 전체를
무단 복제, 전재, 발췌하면 저작권법에 의해 처벌을 받습니다.

Reflections on Suffering; A Futurist's Perspective

백세 시대, 고난은 반복되어 찾아온다.
이제 우리는 고난에 대한 답을 찾아야 한다.
지금의 고난을 견디기 위해, 미래의 고난을 이기기 위해

최윤식

미래학자 고난을 말하다

아시아 대표 미래학자가 전하는
인생 고난에 대한 성경적 통찰

생명의말씀사

프롤로그

은혜 아니면 살아갈 수 없다

우리 모두에게는 이 땅에서 각자 정해진 분량의 고난이 있다. 그 모양과 크기는 다르지만 각자 느끼는 무게는 같다. 겉으로 보이는 고난의 크기는 작아도, 마음으로 느끼는 무게는 크고, 고통은 심하다. 한 번 고난을 견뎠어도 다시 고난을 당하면 괴로움의 크기는 매한가지다. 그래서 중요한 것은 고난의 크고 작음이 아니다. 고난을 어떻게 헤쳐 나가느냐, 고난을 통해 어떤 모습으로 성장하느냐가 중요하다.

고난은 하나님을
새롭게 배우는 기회다

나의 인생에도 성공만 있지 않았다. 화려함만 있지 않았다. 이 책에서 하나씩 이야기하겠지만, 고난도 있었고 어두운 절망도 있었다. 고난은 나에게 '하나님을 새롭게 배우는 기회'를 주었다.

사실 내가 이 책을 쓰게 된 첫 번째 이유는 누군가에게 유익을 주기 위해서는 아니었다. 성공가도를 달리며 교만했던 나를 무한히 낮추신 하나님 체험을 시간이 흘러 다 잊어버리기 전에 기록으로 남겨 두고 싶었다. 고난의 시기를 통과하고 나서 되돌려 주시는 은혜를 체험하고 보니, 문득 '고난의 시기에 내가 깊이 느꼈던 하나님 은혜를 과연 완벽하게 기억해 낼 수 있을까?'라는 생각이 들었다. 고난 중의 고통, 그다음에 이어진 하나님과의 깊은 만남, 쏟아지는 은혜, 영적 민감성, 그 모든 과정을 하나라도 놓치고 싶지 않아서 이 책에 담아 놓았다. 그리고 백세 시대, 언젠가 하나님이 또다시 고난을 통과하게 하실 그때를 위해서도 이 은혜를 간직하는 것은 나에게 중요했다.

그래서인지 지금도 나는 어려울 때마다 이 원고를 다시 꺼내 읽는다. 지금까지 출간한 60여 권의 책들 중에 내가 유일하게 반복해서 읽는 책이다. 읽을 때마다 고난 중에 베풀어 주신 하나님 은혜가 새록새록 되살아나 나로 다시 겸손케 한다.

두 번째로, 나는 나와 비슷한 고난을 경험하는 이들에게, 최소한 사람에게라도 작은 도움을 주기 위해 이 책을 출간하기로 했다. 나는 목회자이자 미래학자로서 여느 목회자들과 달리 교회 안에만 있지 않다. 그러다 보니 오늘날 경제 위기 상황 가운데 불안감과 두려움에 떨고 있는 성도들에게 영적인 동시에 보다 실제적인 조언을 해줄 수 있다. 사실 이 일을 목회자가 잘 감당해 내

기란 현실적으로 어렵다. 성도들은 겉으로는 목회자에게 고민을 털어놓는 듯하나 깊은 내면에서는 '목사님이 내 고난을 얼마나 알겠어?' 하며 걸린 빗장을 잘 열지 않기 때문이다. 그렇다고 같은 고난을 겪은 평신도들에게서 듣는 조언 역시 받아들이기가 쉽지는 않을 테니, 목회자이자 미래학자인 내가 적임자라는 생각이 지워지지 않았다.

파산 위기라는 고난을 세 차례나 온몸으로 겪은 내가 그 고난의 의미를 목회적으로, 또 성경적으로 깊이 묵상한 후 들려주는 조언을 귀담아듣는 이들이 있었다. 혹 그런 분들에게 도움이 되겠다 싶어서 이 책을 출간하기로 마음먹었다. 사방에서 욱여싸는 고난과 답답한 일을 당해도 우리는 또 다른 하루를 살아 내야 한다. 오늘 하루를 견딜 때 이상하고 신비적 방법이 아닌 성경적이고 건강한 방법으로 이겨야 한다. 나는 이를 돕기 위해 이 글을 썼다.

이스라엘의 별, 위대한 정복자, 하나님의 마음에 맞는 사람 다윗도 수많은 고난과 고통을 만났다. 전쟁에서 이기기만 한 것이 아니다. 적에게 쫓겨서 수도 없이 도망쳤다. 살기 위해 미친 사람인 양 행동하기도 했다. 다윗에게도 고난은 하나님을 새롭게 배우는 기회였다. 다윗이 남긴 수많은 주옥같은 시편과 찬양은 대부분 고난과 고통 속에서 나온 결과물이다. 세상 말에도 "실패해도 하늘이 무너지지 않는다", 즉 "일을 그르쳐도 하늘이 무너질 정도로 큰일 나지는 않는다"라는 말이 있다. 그렇다. 하나님의 사람에게는 실패가 끝이 아니다. 실수하고 실패해도 하나님의 일은 그르쳐지지 않는다. 하나님 앞에서는 큰일이 아니다. 그러니 성도는 고난을 두려워하지 말아야 한다. 부끄러워하지 말아야 한다. 수치라고 생각하지 말아야 한다. 고난은 하나님을 새롭게 배우는 기회다.

미국 메이저리그의 전설적인 홈런왕 베이브 루스는 "Every strike brings me closer to the next home run"이라는 유명한 말을 했다. "모든 삼진은 나를 다음 홈런에 더 가깝게 해준다"라는 의미다. 루스는 홈런을 많이 친 만큼 많은 삼진을 당했다. 홈런을 치려면 배트를 강하게 휘둘러야 하고, 이로 인해 삼진의 횟수도 많아진다. 인간사에서 위대한 성과를 이룬 사람치고 그에 상응하는 위험, 고난, 실패를 감수하지 않은 사람은 없다. 루스에게 삼진은 또 다른 홈런을 치는 방법을 배운 시간이었다.

세 번째로, 나는 자녀들에게 신앙 간증을 나누고 싶은 마음에 이 책을 썼다. 나는 4명의 자녀를 둔 부모다. 내 목숨보다 소중하게 여기는 사랑스런 아이들이다. 나는 이들도 백 년의 인생을 살아가면서 무수한 고난과 고통의 시간을 지나가야 할 것을 안다. 우리 인생에서 그 누구도 고난과 고통을 피할 수 없다. 아담의 범

죄 이후 이 땅에 고통 없는 인생은 없다. 고난 없는 평탄한 인생도 없다. 나의 사랑스런 4명의 자녀에게도 고난을 헤쳐 나가는 성경적 지혜가 필요하다.

나는 나의 사랑하는 4명의 자녀에게 '아빠가 어떻게 성공했는가'를 가르쳐 줄 필요는 못 느낀다. 각자의 역할이 다르고 성공의 방법은 수도 없이 많기 때문이다. 하지만 '아빠가 어떻게 고난을 견디고 이겼는가'는 가르쳐 주고 싶다. '오늘, 하나님은 살아 계신다'는 것은 가르쳐 주고 싶다. 고난의 형태와 시기는 다양해도 고난을 이기는 성경적 방법은 한결같기 때문이다.

많은 사람이 돈 혹은 지식이 자녀들에게 물려줄 가장 큰 유산이라고 여기곤 한다. 하지만 내 생각은 다르다. 백세 시대에 앞으로 당하게 될 수없이 많은 고난 앞에 비록 넘어지더라도 다시 일어설 수 있는 성경적 방법을 가르쳐 주는 것이야말로 아버지로서 자녀들에게 줄 수 있는 최고, 최대의 자산이다. 고난은 내가 선택할 수 없다. 하지만 고난에 어떻게 대응할지는 내가 선택할 수 있다. 나는 나의 자녀들이 고난을 만날 때 하나님이 원하시는 올바른 방법을 선택하기를 간절히 소원한다. 폭풍우는 피할 수 없고 나의 선택도 아니지만 폭풍우 속에서 올바른 방향을 잃지 않는 것은 나의 선택이고 가능한 일이다.

네 번째로, 오늘날 한국의 젊은 세대들을 위해 이 책을 썼다.

지금 한국 교회는 패배주의가 극심하고, 젊은 세대들은 점점 무신론자가 되어 가고 있다. 하나님에 대한 믿음이 약화되고 있다. 하지만 하나님이 어떤 분이신가? 하나님은 지금도 살아 계시며, 우리의 삶에 매우 민감하게, 세밀하고도 실제적이게, 그러면서도 우리의 생각을 뛰어넘는 놀라운 방법으로 역사하고 계신다. 이 사실을 앞서 그 길을 걸어온 인생 선배로서 젊은이들에게 전할 필요가 있다고 생각했다.

나는 40대 젊은 시절에 엄청난 성공을 맛보았다. 프로필만 봐도 알 수 있겠지만, 이해하기 쉽게 한마디로 설명하자면 기업 강연료가 연예인 수준이었다. 그런 나의 성공 스토리를 사람들에게 아주 간단하게만 이야기해도 반응은 대체로 두 가지로 나뉘었다. 하나는 대단하다, 특별하다, 나와 다르다, 라는 결론이고, 또 하나는 자랑이 심하다, 그만 듣고 싶다, 부럽고 화가 난다, 라고 받아들이는 것이었다.

그런데 내가 고난받은 이야기, 세 번이나 파산 위기를 맞았던 이야기를 하면 그때부터 사람들의 마음이 열리기 시작했다. 같이 아파해 주고 위로해 주었다. 세상은 성공 스토리를 더 많이 해야 좋아하고 소위 책도 더 많이 팔린다. 그런데 내 경험에 의하면, 성공 스토리는 사람을 살리지 못한다. 오히려 고난받고 실패했는데 다시 일어선 이야기가 사람들에게는 더욱 용기를 주고, 더 많이 위로가 되고, 더 많은 사람들을 살린다.

특별히 요즘 젊은 세대들은 아직 성공과 실패를 경험해 보지 않았음에도 불구하고 미래에 대해서 너무 불안해하고 있다. 믿음이 약해져 하나님을 만나지 못했기 때문이다.

지금은 기술 발달 속도가 매우 빠른 시대다. 사실 기술은 하나님과 어울리지 않는다. 하나님 없이도 세상이 잘 돌아가는 것 같지 않은가. 기술이 발달하면 발달할수록 하나님은 미신적이고 신화적이 되어 간다. 그러나 나는 지금보다 더 첨단 시대로 발전해 인류가 달이나 화성에 정착하고, 인공지능이 급격하게 발달하고, 인간을 닮은 로봇과 사는 삶이 일상이 된다 해도, 그래도 오늘, 하나님은 과거와 동일하게 살아 계시고 성경에서 역사하신 그대로 역사하신다는 사실을 젊은 세대들에게 말해 주고 싶어서 이 책을 썼다.

백세 시대, 고난을 이기는 방법을 알아야 살아남을 수 있다

인생에서 성공만 유익하지 않다. 높이 올라갈수록 마음은 불안해진다. 바닥까지 떨어지면 오히려 마음이 편해진다. 성공은 나를 흐트러지게 했다. 나의 영적 긴장감이 풀어지게 했다. 없어질 것에 눈이 가게 했다. 고난은 나를 고통스럽게 했지만 내게 은혜였다.

나는 고난을 통해 진짜 중요한 것이 무엇인지 알게 되었다. 고난이 아니면 결코 깨달을 수 없는 것을 배웠다. 고난은 하나님에 대한 나의 생각과 믿음을 완전히 바꾸었다. 강제적 고난으로 모든 것을 내려놓게 되면 인생을 다시 성찰할 기회를 얻는다. 남은 인생을 이전보다 더 훌륭하게 살 수 있는 준비를 하게 된다. 그래서 고난도 유익이다. 은혜다.

인생은 마라톤이다. 단번에 승부를 낼 수 없다. 한 번의 놀라운 승리나 허망한 실패 하나로 인생을 평가할 수 없다. 진정한 평가는 인생 전체를 끝끝내 잘 참고 견디며 승부를 미세하게 끌고 가다가 최후 승리를 거머쥐었느냐로 이루어진다. 고난과 실패는 부끄러움도, 수치도 아니지만 포기는 부끄러움이다. 주저앉는 것은 수치다.

포기하지 않고 주저앉지 않으면 고난과 실패를 겪을 때마다 이전보다 더 큰 성공에 한 걸음 더 다가가게 된다. 그래서 한 번의 성공을 미칠 듯이 좋아할 필요도 없고, 한 번의 실패에 허망해할 필요도 없다. 성공이나 고난은 모두 성도에게는 평범하게 생활하는 것과 같다.

주님이 지금 고난당하고 있는 성도에게 이 메시지를 전하기 원하신다.

"오늘, 하나님은 살아 계신다."

21세기 과학기술이 발달한 시대에도 하나님이 올리시면 누구도 막을 수 없고, 하나님이 막으시면 아무리 애를 써도 소용없다. 나의 체험에서 나온 고백이다. 나의 고백은 쉽게 만들어지지 않았다. 고난이라는 긴 터널을 지나는 과정에서 만들어졌다.

하나님은 나를 두 번의 파산 위험에서 극적으로 구원해 주셨다. 그러나 세 번째 위기 때는 깊은 절망과 공포가 나를 사로잡았다. 하나님이 더 이상 나를 돕지 않으실 것만 같았다. 이번에는 다를 것 같았다.

'이 문제는 하나님도 어찌하실 수 없지 않을까?'

아니, 하나님이 이번 위기에서는 구원해 주지 않으시고 "그냥 다 맞아라" 하고 두고만 보실 것 같았다. 그런 생각이 들자 절망은 더욱 커졌다. 이것이 연약한 인간의 모습이다.

그러다가 성경을 읽었다. 놀라운 사실을 발견했다. 모든 하나님의 사람도 고난을 당했다. 고난 속에서 나처럼 두려워했다. 다윗도 "하나님이 어제는 지켜 주셨지만 오늘은 지켜 주심을 멈추시는 것은 아닌가?"라고 외치며 나와 같은 절망과 걱정에 빠졌다(시 77:5-9). 다윗의 절망과 걱정과 고난이 나에게는 위로가 되었다.

물론 다윗이 고통을 토로한 성경 구절은 예전에도 읽었다. 고난당하기 전에는 마음이 울리지 않았었다. 평범한 시였다. 누구에게 가르칠 교훈만을 찾았던 본문이었다. 하지만 고난을 당하자 다른 의미로 다가왔다. 다윗도 "내 날이 연기같이 소멸하며 내 뼈가 숯같이 탈 때까지 하나님이 침묵하셨다"고 고백했다(시 102:2-9). 깊은 위로가 되었다.

다윗이 훌륭한 왕이고 하나님의 마음에 맞는 자라고 인정받은 사람이라는 말씀은 나를 위로하지 못했다. 오히려 다윗이 나와 같은 연약한 사람이었고 인간적인 절망에 빠졌다는 성경 구절이 나를 울게 하고 위로했다. 이 책에서 소개하는 나의 고난도 이 글을 읽는 독자에게 위로가 되었으면 한다.

고난의 시간에 믿음 없음이 부끄러워 탄식하고 있을 때 베드로의 이야기가 떠올랐다. 베드로는 그의 이름 위에 음부의 권세가 이기지 못하는 영원한 교회를 세우겠다는 축복을 예수님께로부터 받았고, 천국 열쇠를 받아 땅에서 무엇이든지 매면 하늘에서도 매일 것이요 땅에서 무엇이든지 풀면 하늘에서도 풀리게 하는 능력을 받았다(마 16:18-19). 고난의 시간에 이 말씀은 나를 위로하지 못했다.

베드로는 "물 위로 걸어 오라"라는 주님의 음성에 물 위로 걷는 기적을 체험했지만 자기 몸으로 덮쳐 오는 파도와 강한 바람에 놀라고 두려워하여 물에 빠져 버렸다. 고난받기 전에는 베드로가 물 위로 걷는 기적을 체험한 후에 곧바로 믿음이 사라져서 바다에 빠졌다는 말씀을 듣고 이렇게 생각했다.

'어떻게 그럴 수 있지? 나 같으면 절대 그러지 않았을 텐데.'

하지만 고난을 받자 베드로가 이해되었고 베드로의 연약함이 나를 크게 위로했다. 그리고 주님이 베드로를 믿음 없다고 책망하지 않으셨다는 데서도 위로를 받았다.

'하나님이 살아 계시지 않을 것 같다'는 생각은 자연스럽다. 그러므로 자책하지 말라. 하나님이 살아 계신다는 것을 믿는 것은 쉽지 않다. 우리의 능력으로는 불가능하다. 우리가 하나님이 살아 계신다는 생각이 쉽게 들고 고난에도 마음을 굳건히 버티는 것이 쉽다면 성령의 근심도, 예수님의 십자가 고난도 필요 없다. 하나님의 애쓰심도 필요 없다. 믿음이 쉬운 것이면 세상 사람 모두 하나님을 믿을 것이다.

고난을 당하면 다윗도, 베드로도, 나와 당신도, 누구라도 '하나님이 없다'는 생각, '하나님이 계셔도 그분의 손길이 나를 구원하지 않을 것 같다'는 생각을 할 수 있다. 흔들릴 수 있다. 하지만 다윗과 베드로에게는 다른 것이 있었다. 고난을 통과하면서 흔들림이 멈췄다. 모래 바닥 같은 생각과 믿음이 견고한 반석이 되었다.

지금도 이와 같은 역사는 일어난다. 오늘도 고난은 일어나고 흔들림도 일어난다. 고난에 빠지면 연약한 우리는 주의 날개 아래 피해서도 떨림을 멈추지 못한다. 이런 우리를 하나님은 큰 날개와 강한 팔로 꼭 안아 주시고 품어 주신다. 그리고 이렇게 말씀하신다.

"내니 두려워 말라. 떨지 말라. 무서워 말라.
내가 영원히 보호하리라."

진정으로 주님은 나의 방패, 나의 산성, 나의 피할 바위, 나의 강한 요새가 되신다. 오늘도 하나님은 살아 계셔서 나와 당신에게 다윗과 베드로에게 보여 주신 사랑, 인내, 은혜를 동일하게 베풀어 주신다.

시대는 점점 편리해지고 화려해져 가는데 젊은이들은 인생의 목적을 찾지 못하고 방황한다. 사춘기 자녀만큼 신중년의 갱년기가 불안하고 고통스러운 이유는 호르몬 변화 때문만이 아니다. 백세 시대인데 중년이 되어서도 살아야 할 목적과 방향을 찾지 못한다. 은퇴를 해도 세 가지 고난에 부딪힌다. 내 문제, 자녀 문제, 부모 문제다. 청소년이나 청년 자녀를 계속 돌봐야 한다. 30년 이상 부모를 부양해야 한다. 자신도 50년을 세상과 더 싸워야 한다. 앞으로 더 크고 많은 고난의 터널을 지나야 한다.

외삼촌 라반의 집에서 20년의 세월을 보내고 어느덧 수많은 자녀를 거느린 중년의 야곱이 생각난다. 청춘을 바쳐 고생하며 일가를 이루고 이제 살 만하다 생각했는데 20년간 자기를 죽이려고 칼을 갈았던 형이 코 앞에 와 있다. 여기서 쓰러지면 그의 가족의 미래는 없다. 야곱은 아내들과 자녀들을 먼저 보내고 홀로 얍복 나루터에서 천사와 씨름하며 사투를 벌였다. 처절한 야곱의 몸부림이 우리의 모습이다.

백세 시대, 고난은 수없이 반복되어 찾아온다. 지금의 고난을 견디기 위해, 미래의 고난을 이기기 위해 우리는 답을 찾아야 한다. 고난을 이기는 방법을 알아야 한다. 앞으로 남은 수십 년의 인생에 대한 올바른 방향도 찾아야 한다. 이 책은 이런 답들을 찾기 위해 몸부림쳤던 나의 여정에 대한 이야기다. 내가 발견하고 체험한 하나님에 대한 이야기다. 고백이다.

오늘, 하나님은 살아 계신다!

하나님이 나를 깊은 어둠 가운데 가두셨는가? 요나도 물고기 배 속 깊은 어둠 속에 갇혔다. 요셉도 어두운 감옥에 갇혔다. 예수님도 40일 동안 광야에 계셨다. 십자가 위에서 하나님이 침묵하시는 고통을 당하셨다.

세상 사람들은 고난이 고난으로 끝난다. 하나님의 자녀는 다르다. 고난은 더 나은 미래, 더 큰 사명을 위해 하나님이 부르신 훈련소다. 고난이 큰 만큼 더 큰 사명이 나를 기다린다. 고난이 내게 가르쳐 준 교훈이고 소망이다.

"그런즉 너희는 먼저 그의 나라와 그의 의를 구하라 그리하면 이 모든 것을 너희에게 더하시리라"(마 6:33)라는 말씀은 진리다. 사실이다. 은혜다. 수많은 사람이 묻는다.

"정말 우리가 이 말씀대로 살면 모든 것을 하나님이 책임져 주시는가?"

고난 속에서 내가 얻은 확실한 답은 이것이다.

"오늘, 하나님은 살아 계신다."
"주는 완전하시다!"
"그래서 주의 말씀은 모두 옳다!"

감사의 고백

이 책이 나오기까지 하나님의 은혜가 절대적이었다. 나의 모든 책이 그랬지만 이 책만큼은 모든 글자 하나마다 하나님이 주신 은혜여서 감사할 뿐이다. 나는 고난의 한가운데를 지나면서 이 글을 썼다. 이 글을 한 자, 한 자 쓰면서 기도하고 울고 감사하며 고난을 견뎠다.

늘 옆에서 묵묵히 자리를 지키며 "함께 이겨 내 봅시다"라는 소박한 말로 믿음과 사랑을 표현해 주었던 아내에게 감사하다. 아내는 내가 힘들 때 늘 기대고 싶은 여인이다. 참으로 감사하다. 아장아장 걷던 아이들이 어느덧 장성한 청년이 되어 고난에 빠진 아버지를 지지하고 같이 애써 줌도 감사하다. 부족하고 연약한 나를 위해 고난의 기간을 기도로 동행해 주신 양가 부모님들께 감사드린다. 마지막으로 이 책이 고난받는 자를 위로하고 세우는 데 도움이 될 수 있도록 애써 주신 생명의말씀사에 깊은 감사를 드린다.

전문 미래학자
최윤식 박사

CONTENTS

프롤로그_ 은혜 아니면 살아갈 수 없다   4

PART. 1

고난이 나에게도 왔다

01 고난에 대한 해석이 필요한 순간을 만나다   26

하나님, 왜 나한테 이렇게까지 하세요?
하나님이 세우시면 누구도 막을 수 없다
하나님이 낮추시면 아무리 발버둥 쳐도 소용없다
하나님이 나를 말할 수 없는 고통에 밀어 넣으셨다

02 하나님이 나와 씨름을 시작하시다   64

나의 마지막 노력, 마지막 계산이 끝난 후에야
매일 내려놓고, 매일 의지하고, 매일 붙들고
겨우 하나만 잃었을 뿐, 사명이 끝나지 않으면

PART. 2

고난이
더
짙어지기 전에

03 고난을 통과하고 있는 이들을 위한 제안   86

    나를 보면 작아지고, 하나님을 보면 커진다
    제안 1_ 고난 가운데 있을수록 말씀을 읽어야 한다
    제안 2_ 역사를 통찰하자
    제안 3_ 모든 것을 아시는 여호와 하나님께 돌아가자
    제안 4_ 고난을 당하면 쉴 곳을 찾으라
    제안 5_ 주를 의지하면 나를 부끄럽게 하지 않으신다
    제안 6_ 만나와 메추라기에 익숙해지자

BOOK in BOOK 1   고난의 시기, 성경을 조명함으로 인류 역사를 다시 보다   128

04 고난 속에서 끝까지 기다린다는 것의 의미   142

    끝까지! 한 번은 가 봐야 되지 않겠는가
    끝까지! 기다리면서 꼭 지켜야 할 믿음의 원칙 3가지

PART. 3

고난 속 하나님 본심(本心)

05 고난 끝, 되돌려 주시는 은혜   172

고난이 끝나면, 이전보다 더 큰 복이 기다린다
하나님이 미래학자에게 주신 새로운 비전
하나님은 하나님의 일을 하나님의 방법으로 하신다

BOOK in BOOK 2 고난의 때에 최강 무기는 '기도, 좀 더 기도, 더 많은 기도'   204

06 모든 고난에는 하나님의 뜻이 있다!   218

내가 겪는 고난에 담긴 하나님의 본심
고난을 피할 수 있는 사람은 아무도 없다
때가 되면 하나님이 나를 이끌어 내신다

BOOK in BOOK 3 세계사에서 찾은 경이로운 하나님의 역사   250

PART. 1

고난이
나에게도
왔다

고난에 대한 해석이 필요한 순간을 만나다
하나님이 나와 씨름을 시작하시다

Reflections on Suffering: A Futurist's Perspective

CHAPTER / 01

고난에 대한 해석이
필요한 순간을 만나다

**하나님, 왜 나한테
이렇게까지 하세요?**

> 어리석은 자는 그의 마음에 이르기를
> 하나님이 없다 하는도다(시 14:1).

내가 이 글을 쓰는 이유가 있다. 나 스스로 고난에 대한 해석이 필요했다. 사명자로 사는 것이 무엇인가, 고난은 어떻게 헤쳐 가고 돌파해야 하는가에 대한 해석과 정리가 필요했다. 이 글을 읽는 당신도 스스로 고난에 대한 해석이 필요할 것이다. 내가 당하는 고난과 실패가 내 실수와 잘못 때문인지, 하나님의 계획 아래 있는 일인지 알아야 한다. 하나님의 뜻이라면 무엇을 위함인지 알아야 한다. "우리 교회가 당하는 아픔과 위기는 무엇을 위함인가?", "한국 교회가 당하는 수치와 무너짐은 무엇 때문인가?"라는 질문에 답을 얻어야 하는 사람도 있을 것이다. 이 모든 질문은 하나의 질문을 던지는 것부터 시작해야 해답의 실마리를 찾을 수 있다.

"오늘, 하나님은 살아 계시는가?"

나도 이 질문을 가지고 오랫동안 씨름했다. 나도 다윗처럼 "주께서 영원히 버리실까, 다시는 은혜를 베풀지 아니하실까"(시 77:7), "하나님이 그가 베푸실 은혜를 잊으셨는가, 노하심으로 그가 베푸실 긍휼을 그치셨는가"(시 77:9) 하며 절망에 깊이 빠진 시간이 있었다. 하나님이 어제는 지키셨지만 오늘은 지켜 주심을 멈추시는 것은 아닌가 하며 절망에 빠졌었다. 밤새 뒤척이다가 더 이상 눈을 붙이지 못할 정도로 괴롭고, 짙은 어둠이 남아 있는 새벽에 침상에 일어나 앉아 살이 뼈에 붙을 정도로 탄식하고, 나는 심히 비천하고 나를 핍박하는 자들과 세상은 나보다 강하다는 두려움과 떨림에 이르면 누구나 궁극적인 질문을 던진다.

"하나님은 살아 계시는가?"

이 질문이 나를 사로잡는 순간, 내 마음에 이런 생각이 들었다.

'이 질문에 대한 정확한 답을 찾자.'

모순되지만 많은 그리스도인이 이 질문에 대한 답을 찾는 일을 게을리하거나, 의도적으로 피하거나, 자기 손으로 정확한 답을 찾는 것을 두려워한다. "설마 하나님이 안 계시지는 않겠지?"라는 어중간한 태도로 일관한다.

이런 태도로 평생을 사는 것은 불가능하다. 이런 태도를 버려야 할 때가 온다. 작은 고난에도 흔들릴 만큼 지치고, 죽음으로 나를 이끌 환난이 문밖에 기다리고 있지만 도와줄 자는 없고, 피할 길도 없다는 생각에 다다르면 어중간한 태도와 생각은 사라진다. 고난의 시간에는 둘 중 하나를 선택해야 하기 때문이다.

'하나님은 없다'고 믿으면 앞으로 내 힘과 능력만으로 살아야 한다. 내 힘을 신(God)으로 삼고 살아야 한다(합 1:11). '오늘, 하나님은 살아 계신다'고 믿으면, 그분이 어떤 분이시고 어떻게 일하시는지를 알면, 도대체 나에게 왜 이렇게까지 하시는지를 알면 "주는 완전합니다"라고 고백할 수 있고, 전능하신 하나님이 주시는 새 힘을 받아 오늘을 견뎌 낼 수 있고, 회복할 수 있다. 일어설 수 있다. 다시 살아 낼 수 있다.

나는 미래학자다. 그것도 한국과 아시아를 대표하는 전문 미래학자(Professional Futurist)로 알려져 있다. 나는 모태신앙이고 내 자녀들까지 신앙 안에서 사니 4대째 신앙 가문이다. 장로교 보수 교단 목사이기도 하다. 많은 이들이 '어떻게 미래학자가 되었는지' 궁금해한다. 나는 한국 최고 명문대, 미국 아이비리그에서 유학하는 엘리트 코스를 밟지 못했다. 지방 국립대 철학과 출신이고 총신대학교 신학대학원도 겨우 턱걸이로 입학했다. 미국 지방 학교에서 유학했다. 물려받은 재산도 없다. 초등학생 시절, 아버지는 지방 도시의 가난한 개척교회 목사였다. 교회 바로 앞은 쓰레기와 오물 처리장 같은 곳이었다. 나와 동생은 연을 날리거나 대나무로 화살을 만들어 쏘며 놀았다. 멀리 날아간 화살을 주우러 가다가 발이 푹 빠져서 보면 인분이 가득 버려진 구덩이였다.

사실 나는 미래학을 배우려는 목적으로 미국 유학길을 떠난 것이 아니다. 목회자로서 풀러신학교에서 신학을 공부하기 위해서였다. 그런데 하나님의 놀라운 섭리 가운데 미래학으로 전공을 바꾸게 되었다. 그 전향에 가장 큰 역할을 한 계기 역시 고난이었다. 고난과 실패가 나를 미래학자의 길로 이끌었다.

사랑의교회에서 사역을 하고 목사 안수를 받고 나서 늦기 전에 미국에서 신학 공부를 더 하고 싶다는 마음은 이전부터 있었다. 풀러신학교 입학을 위해 LA로 방향을 정한 터였다. 그러던 어느 날, 미국 휴스턴에서 목회하시는 아버지 동기 목사님이 우리 집에 하루 이틀 머물게 되시면서, 나더러 유학 갈 계획이라면 휴스턴으로 오라고 하셨다. 휴스턴에는 신학교가 없고 차로 다섯 시간 걸리는 댈러스까지는 가야 했기에 의아하게 생각했다. 알고 보니 본인 은퇴가 3-4년 남았는데 휴스턴에 오면 후임 담임목회자로 사역하게 해주겠다고 하신 것이었다.

그 말에 마음이 움직였다. 한인이 2만 명 넘게 거주하는 휴스턴에서 목회하면서 댈러스의 신학교를 다니면 되겠다는 생각에서였다. 사랑의교회에서 배운 제자훈련으로 미국에서 목회하며 남은 생을 살겠다는 생각에 휴스턴행을 결정했고, 당시 집에 있던 책 2만여 권을 전부 짊어지고 떠났다.

그런데 결론적으로, 6개월 정도 사례비도 받지 못한 채 설교와 주일학교, 제자훈련까지 도맡아 수석 목사처럼 사역하면서도 후임에 대한 여타 이야기가 없어 한국으로 돌아와야 하는 상황이 되었다. 그간 생활은 들고 간 월세 보증금과 아버지가 보내 주시는 생활비, 아내가 샌드위치 가게에서 일해서 번 돈으로 했다. 휴스턴에는 신학교도 없고, 댈러스까지 왕복하며 신학 공부를 하기는 어려웠기에, 고민을 하다가 일반 대학교 석사라도 해야 한국에 들어가서 면이 서겠다는 생각이 들었다. 휴스턴에 있는 대학원에 입학할 준비를 했다. 그러다 단 5분간, 하나님이 보내신 한 사람을 만났다. 어떻게 만났는지도 잘 기억이 나지 않는다. 그분은 그저 지나가는 말로 휴스턴에 미래학이 있다고 했고, 그 말에 나는 너무 낯설지만 미래학을 공부하기로 마음을 먹었다.

당시 나는 미래학이 무엇인지 전혀 몰랐다. 겨우 앨빈 토플러 같은 미래학자가 있다는, 일반인과 똑같은 수준의 지식만 있었다. 그런데 갑자기 내 머릿속을 스치고 지나가는 생각이 있었다.

'미래학이란 미래에 대해서 배우거나 미래를 예측하는 방법을 가르쳐 주는 것인가? 미래학을 공부하면 미래에 대해 고민하는 사람에게 완벽한 답은 아니지만 그로 하여금 한 발자국 더 나아가게 도울 수는 있겠다!'

주일학교 사역을 오래 하면서 학생들에게 요셉처럼 꿈을 가지라고 하면서도 어떻게 해야 꿈을 가질 수 있냐는 그들의 질문에 마땅히 답을 할 수가 없었다. 영적 지도자이자 교육 전문가라는 사람이 해줄 수 있는 말이라고는 그저 "기도해라. 그러면 하나님이 언젠가는 들어주신다"라는 정답밖에는 없었다. 그런데 학생들의 입장에서 보면, 하나님이 언젠가 들어주시는 첫 번째 시기가 20년 후였다. 그런 고민에 대한 답이 될 수 있겠다는 생각에 미래학에 뛰어들었다.

그런데 나중에 미래학을 공부하면서 보니까 미국에 미래학을 선택 과목으로 가르치는 대학은 많지만, 전공 과목으로 학위를 주는 곳은 휴스턴대학교가 유일했다. 하나님의 계획이었다. 만약 내가 그 교회에서 담임 목회를 했다면 댈러스에 있는 신학교로 신학을 공부하러 갔을 테고, 미래학을 전공하지 않았을 것이다. 하나님이 전혀 예상하지 못한 어려운 상황을 통해, 실패를 통해 미래학을 하게 하신 것이다. 그리고 이후 미래학 관련 책을 쓰게 하시고 강의까지도 하게 하셨다. 내 삶을 돌아보면, 하나님이 나의 길을 인도하시는 중요한 시기에 사용하신 도구가 바로 고난이구나, 하나님이 나를 위해 실패를 쓰셨구나, 라고 생각된다.

하나님이 세우시면
누구도 막을 수 없다

고난을 본격적으로 논하기에 앞서, 먼저 내 이야기를 조금 더 하지 않을 수 없다. 보잘것없는 내가 하나님의 비밀한 섭리와 간섭하심으로 목회자에서 방향을 전환해 미래학을 전공한 미래학자가 되면서 어떻게 미래를 통찰하게 되었는지, 미래학 분야에서 하나님이 나를 어떻게 높이 들어 쓰셨는지를 이야기할 필요성을 느꼈다. 그래야 나의 고난이 얼마나 쓰디썼는지, 앞으로 백세 인생을 살면서 반드시 또다시 다가올 고난이 왜 그렇게 무섭고 두려운지, 뼛속 깊이 사무친 고난의 심정을 왜 놓아 버리지 않고 되새기고 또 되새기면서까지 겸손하려 발버둥 치는지 독자들이 이해할 수 있을 것이기 때문이다. 하나님이 세우시면 누구도 막을 수 없고, 하나님이 낮추시면 아무리 발버둥 쳐도 소용없다. 이 진리를 롤러코스터와도 같은 내 삶을 통해 각인시키려 함이다.

한국과 아시아를 대표하는 전문 미래학자로 자리매김

나는 미국의 권위 있는 미래학 정규 과정인 휴스턴대학교 미래학부에서 학위를 받았고 미래 예측 방법론을 배웠다. 많은 사람이 미래학자인 내게 주로 묻는 질문은 이렇다.

"어떻게 알지 못하는 미래, 가 보지 않은 미래를 통찰할 수 있는가?"

그리스도인인 우리가 한 가지 알아야 할 사실이 있다. 하나님이 역사를 이끌어 가시는데 계시록처럼 완벽하게 보여 주시는 것은 아니지만, 그렇다고 완전히 베일에 감추어 놓아 어떻게 이끌어 가는지를 모르게 하시는 것도 아니라는 점이다. 딱 그 중간이다.

우리는 그 하나님이 이끌어 가시는 역사를 통찰을 통해 알아내야 한다. 통찰은 미래를 꿰뚫어 보고 변화를 주도하는 생각의 도구다. 그런데 그 통찰이 먼저 이루어지는 영역은 하나님이 주신 일반 은총 영역이다. 즉 일반 은총을 추적하고 꿰맞추어 가야 하는 것이다. 나는 미래학을 연구하는 툴 안에서 하루에도 엄청나게 많은 양의 정보들을 모니터링한다. 신문과 잡지만 50-60개 이상 매일 정독한다. 그래서 기계라는 별명이 있을 정도다.

그다음으로 중요한 것은 영감이다. 하나님이 주시는 하나의 영감을 가지고 추적해 가면서 시나리오를 쓰는 경우가 많다. 그것을 성경적으로 다시 해석한다. 이것을 조명이라고 한다. 나는 미래학자이기에 일반 은총 영역에서 하나님이 이끌어 가시는 세상의 변화들에 대한 그림을 그릴 수 있는데, 그것을 '예측한다', 또는 '시나리오를 쓴다'라고 표현한다.

미래학에는 두 흐름이 있다. 먼저 관념론적이고 규범적인 흐름이다. 주로 국가의 이상이나 정치 시스템의 미래, 철학 등을 연구한다. 또 하나는 휴스턴대학교가 추구하는 바 실용주의 흐름으로, 미래 예측 방법론이 주를 이룬다. 정성적 방법론, 정량적 방법론, 컴퓨터 시뮬레이션 방법론 등을 가르치고 이를 상업적 기술 분야로 연결시킨다. 하나님은 나를 두 흐름 중에 실용주의를 추구하는 휴스턴대학교로 보내 공부하게 하셨다. 하나님이 나에게 적합한 방향으로 이끌어 주신 것이다.

2008년 생계를 위해 어쩔 수 없이 뛰어든 미래학 강의를 계기로 나는 전문 미래학자 활동을 본격적으로 시작했다. 당시 미래학을 전공했다고 하면 열이면 열 사람 모두 "그게 뭐죠? 처음 듣는데, 그런 학과도 있어요?"라고 되물었고, 은근 무시했다. 사기꾼 예언가나 점치는 사람으로 오해했다. 내가 미래에 대한 이야기를 하면 호기심 있게 듣기는 했지만 공상 취급을 했다. 무협지 소설 같다고 했다.

나의 미래예측서 첫 원고는 대형 출판사에서 연달아 퇴짜를 맞았다. 출판사 쪽에서는 알려지지 않은 신인인 데다 미래 예측에 대한 국내 인지도가 예언 정도로 받아들여질 만큼 너무 낮고, 미래학 교수이신 피터 비숍 박사님의 지명도가 높지 않다는 이유를 들었다. 세계미래학회 및 세계전문미래학자협회(APF) 창립이사이신 피터 비숍 박사님은 내한도 몇 차례 하시고 미국 학계에서는 가장 유명한 미래학자이며 휴스턴대학교 전체를 책임지시는 분이라 나로서는 그 이유가 쉽게 받아들여지지 않았다.

하지만 하나님이 세우기로 작정하시면 그 누구도 막을 수 없다. 하나님은 창업한 지 겨우 2년밖에 되지 않은 1인 출판사 대표를 만나게 하셨다. 그분과 연결되어 연달아 세 권의 책을 출간했다. 세 권 모두 베스트셀러가 되었다. 첫 번째 책 『2030 부의 미래지도』는 일본어로 번역되어 일본 아마존 베스트셀러 종합 1위까지 올라갔다. 이 시기부터 내가 미래학자로서 두각을 나타내기 시작했다. 두 번째로 『2020 부의 전쟁 in Asia』를 출간했다. 당시 이 책도 중국과 일본에서 번역 출판되었다.

세 번째 집필한 미래예측서 『2030 대담한 미래』가 출간되었을 때에는 "드디어 한국에도 앨빈 토플러와 같은 전문 미래학자가 탄생했다", "이제 한국도 외국 미래학자의 목소리만을 듣는 데서 벗어나서 우리의 관점으로 스스로 미래를 읽을 수 있게 되었다"라는 평가도 받았다. 내가 책에서 자주 사용하는 "더 나은 미래"라는 문구는 한국 사회에서 지금까지 유행어다.

당시 예측한 미래 시나리오는 지금 다시 읽어 보아도 놀라운 통찰로 가득 차 있다. 나는 2008년 글로벌 금융위기로 미국 몰락이 거론될 때 미국 경제의 강한 회복과 새로운 부흥, 미국과 중국 간의 무역전쟁을 비롯한 패권전쟁 발발에 대한 예측을 했다. 모두가 미국과 중국이 아름다운 동반자 관계인 '차이메리카'(Chimeria)의 지속을 말할 때 나는 미국과 중국이 21세기 글로벌 1위 패권을 두고 극렬하게 싸우는 미래가 곧 시작될 것이라고 예측했다. 두 나라의 패권전쟁의 중심은 무역, 환율, 기술, 금융 등이 될 것이고, 세계 곳곳에서 두 나라의 군사적 힘겨루기가 빈번해질 것이라고 예측했다. 나의 예측은 곧바로 현실이 되었다.

2008년 글로벌 금융위기로 미국이 휘청거리고 중국 경제가 급부상하자 국내외 모든 연구 기관이나 전문가들이 중국 경제가 미국을 추월하는 것은 시간문제이고 G1 패권이 중국으로 넘어갈 것이라는 전망을 쏟아 냈다. 나는 다른 시나리오를 발표했다. 내 예측으로는 중국의 명목GDP가 미국을 넘어서는 것조차 2050년경이나 가능하고, 최악의 경우는 영원히 미국을 추월할 수 없을지도 모른다고 예측했다. 중국이 부동산 버블 붕괴를 거치고 성장의 한계라는 덫에 빠질 수 있기 때문이었다.

당시 나의 예측에 동의하는 이들은 거의 없었다. 2023년 8월 24일, 미국 「월스트리트저널」은 "중국 경제 정점 도달, 미국 추월 영원히 불가능할 수도"라는 기사를 보도했다. 중국은 일본과 독일의 역사를 반복할 것이고, 미국 추월이 어려울 것이라고 전망했다. 15년 전에 내가 예측한 내용 그대로였다.

나는 2010년 발간한 『2020 부의 전쟁 in Asia』라는 예측서에서 '소유에서 접속 경제로 전환', '공급자 중심에서 생태계 중심 비즈니스로 전환', '지식(콘텐츠)과 SW(소프트웨어)가 HW(하드웨어)의 운명을 좌우하는 경제로 전환' 등도 미리 예측했다.

2011년 12월 김정일이 사망하고 3일이 지난 후 나는 김정은이 권력 장악에 성공했고 앞으로 30년 장기 집권의 발판을 마련하는 데 성공했다고 예측했다. 당시 대부분의 전문가와 언론은 김정은 권력 승계 실패 가능성을 다루고 있었다. 나는 김정은이 권력을 장악한 후 3년 이내에 고모부 장성택을 숙청하는 시나리오도 발표했다. 나의 예측은 현실이 되었다.

나는 다가오는 기술사회의 놀라운 변화들도 예측했다. 2011년부터 출간한 『2030 대담한 미래』 시리즈와 『10년 전쟁』에서는 애플의 전기차 시장 진출과 향후 100년간의 인공지능의 발전 단계, 미래 로봇 산업, 개인용 자율주행수송장치산업, 생각하는 4차원 프린터 기술의 도래 등을 정확하게 예측하는 통찰력을 발휘했다. 나는 이미 그때 미래에는 자동차와 인공지능과 로봇이 결합되고, 4개 자동차 바퀴에 모터가 각기 들어가 자유자재로 움직이는 미래도 예측했다.

나는 '가상세계의 3단계 변화 시나리오'를 발표하면서 우리 사회는 곧 가상과 현실의 경계가 파괴되는 놀라운 미래를 맞게 될 것도 예측했다. 나의 예측은 코로나 팬데믹 기간에 '메타버스'라는 용어로 현실이 되었다. 누가 들어도 말도 안 된다고 이야기하는 미래 예측이었다. 하지만 최근 들어 당시 시나리오와 관련된 이슈가 계속해서 발현되고 있다. 물론 이 모든 예측은 기본적으로 데이터를 기반으로 기술의 흐름을 보고, 거기에 상상력을 덧붙인 것이다.

두 번째 책에 이어 세 번째 책 『2030 대담한 미래』도 히트를 쳤다. 이 책을 국내 대다수 기업의 회장, 사장, 이사 등 5060 오피니언 리더들이 다 보았는데 그때 내 책의 주 독자층이 형성되었다. 사실 『2030 대담한 미래』는 판매가 어려운 조건을 모두 다 갖춘 책이었다. 첫째로, 책이 500페이지 이상으로 매우 두껍고, 둘째로, 소프트하고 트렌디한 내용이 아니라 미중 관계 등 국제 정세에 관련된 하드한 내용을 다루는 데다 그래프만 600개 넘게 수록되어 읽기가 쉽지 않다. 그런데 출간 2주 만에 경제경영 부문 베스트셀러에 오른 것이다. 심지어 출판사에서 사재기한다는 의혹까지 받았을 정도다.

하나님은 나를 무섭게 올리셨다. "자고 일어나 보니 유명한 사람이 되었다"라는 말이 실감 났다. 첫 세 권의 책이 베스트셀러가 된 이후에도 책을 낼 때마다 경제경영 부문 1위에 올랐다. 종합 베스트셀러 상위에 올라간 책도 적지 않았다. 신문과 방송 등 언론사에 연일 주목을 받았다. 내 예측 시나리오를 인용하는 기사도 쏟아졌다. 각종 경제경영 잡지사에서 인터뷰 요청이 줄을 이었다. KBS 등 공영방송 다큐멘터리, "아침마당", 각종 뉴스 및 시사 프로그램, 라디오 방송에 출연했다.

예능에서도 출연 섭외가 왔다. 예능 방송에 나와서 미래 이야기를 하는 교수는 내가 처음이었을 것이다. 말 그대로 '유명인'을 뜻하는 '셀럽'(Celebrity)이 되었다. 기업 강의가 쏟아져 들어왔다.

오죽하면 기업 담당자들이 나더러 방송에 나갈수록 강연료가 올라가니까 방송에 그만 나가 달라고 부탁할 정도였다.

나의 미래 연구 분야는 폭넓다. 국가와 전 인류 단위의 위기와 기회는 물론이고, 미국과 중국 간의 글로벌 패권전쟁부터 국제 정치, 금융 경제를 다룬다. 인공지능, 자율주행자동차 및 로봇, 나노 및 바이오, 미래 제조업 혁명, 우주 기술, 미래 인간 등 미래의 기술과 산업 방향, 그에 따른 미래 비즈니스 전쟁, 종교와 영성을 아우른다. 초학제 간 연구다.

2008년 전문 미래학자로 활동을 시작한 이후부터 현재까지 집필한 책이 60권이 넘고, 판매 누적 부수로 수십만 권의 경제경영, 예측서가 팔린 베스트셀러 작가가 되었다. 이런 역량을 인정받아 삼성전자DMC연구소 자문교수, SUNY Korea(한국뉴욕주립대) 미래연구원 원장, 미래창조과학부 미래준비위원회 위원, 베이비부머 미래구상포럼 민선위원, 보건복지부 저출산고령사회정책 실무위원회 2기 민선위원(위촉), 심평원과 경찰청의 미래전략위원회 위원 등 각종 정부 주도 위원회 자문으로도 활동했다. 청와대 비서실, 정부 정보기관, 국방부와 통일부 등에도 자문을 했다.

전 세계 각국에서 활발히 활동하는 전문 미래학자들의 모임인 세계전문미래학자협회 이사회 임원으로도 활동했다. 선거철이 돌아오면 대선 출마를 염두에 둔 분들이 나를 찾았다. 급변하는 세계 속에서 미래 한국의 나아갈 길을 묻기 위해서였다.

국내외 기업의 강의 및 자문 요청도 쇄도했다. 40대 초반에 국내 30대 그룹을 비롯해서 학계, 정계, 산업계, 지자체 등을 아우르며 연간 300회가 넘는 강의를 요청받았다. 강의비와 인세만으로 1년에 약 8-9억 원의 수입을 올렸다. 미래연구소도 강남에 100평 사무실을 장만하고 임대료만 1년에 2억 가까이 내는 규모로 성장했다.

일부 그룹에서는 최고경영자가 수천 억, 조 단위 미래 사업에 대한 최종 의사결정을 할 때 나를 부르기도 했다. 전문 미래학자의 역할은 다양한 시나리오, 다양한 미래 관점을 제시하는 것이다. 물론 기업들은 나를 만나기 전에 다양한 연구와 분석을 한다. 나에게만 의지하지 않는다. 나를 만나는 이유는 모든 검토를 끝낸 후 마지막으로 미래학자의 통찰을 듣고 확인하기 위해서다. 그 자리에 소수의 핵심 임원만을 대동하고 나의 시나리오를 들으면서 마지막 판단을 다듬기 위함이다. 이런 자리는 자문 비용만으로 3-4시간에 수천만 원을 받는다.

이 모든 일이 40대 젊은 시절에 일어났다. 그때는 몰랐다. 이것이 얼마나 하나님의 놀라운 은혜이고 기적적인 결과들인지! 내가 발표한 시나리오를 듣는 청중이 나에게 '천재'라는 찬사까지 보냈으니 그럴 만도 했다. 그렇게 시간이 지나면서 내 마음속에는 교만한 생각이 들기 시작했다.

'그렇지! 내가 보통은 아니지. 이런 모든 업적(?), 나의 놀라운 지식과 지혜, 탁월한 통찰력은 내 능력에서 나온 것이지!'

그리고 나중에야 신명기 8장 17절 말씀이 생각났다.

> 그러나 네가 마음에 이르기를 내 능력과 내 손의 힘으로
> 내가 이 재물을 얻었다 말할 것이라(신 8:17).

이 말씀이 가리키는 대상이 바로 나였다.

사업 확장과 도전을 위한 미국행

한국에서 10년 이상 미래학자로 활동하다가 사업 확장과 새로운 도전을 위해 미국 실리콘밸리로 진출하기로 결심했다. 당시 한국 시장은 한계가 있었다. 최근 한국 출판계에 트렌드 관련 서적들이 많이 출간되는데, 그 시장은 한참 전에 내가 열다시피 했다. 속도가 너무 느린 한국 시장이 내 마음에 차지 않았다. 기업 상황도 답답하긴 매한가지였다. 기업이 경영 컨설팅에는 수억씩 쓰는데 미래 시나리오 컨설팅에는 많이 투자해 봤자 그 절반에도

미치지 못했다. 그래서 미래 예측 분야가 수천억 시장인 미국으로 나가야겠다고 생각했다.

글로벌하게 활동해 봐야겠다는 생각도 한몫했다. 한국과 아시아는 너무 좁다, 한국에서는 더 이상 올라갈 데가 없다, 라고 생각해 욕심을 냈다. 세계 시장으로 나가 내 가치를 한 번 더 올린 후 다시 국내에 돌아와 활동해야겠다는 생각이었다. 그리고 실제로 미국에 나가서 세계전문미래학자협회 한국인 최초 이사를 맡아 일했다.

아울러 당시 나는 번아웃과 함께 찾아온 건강 이상으로 일을 조금 줄여야 하는 상황이었고, 그즈음 나이가 거의 50이 가까웠기에, 백세 시대에 나머지 인생 50년을 어떻게 살아야 할지 고민하고 새로운 사역을 준비하겠다는 마음가짐으로 5년만 미국에 있다가 돌아오려고 계획했다(그리고 실제로 5년 미국에 있었다). 한국에서 2년간 준비한 후 영주권을 받아 미국에 들어갔다. NIW(고학력 독립이민) 미국 비자를 받았는데, 미국 국익에 도움이 되는 사람들에게만 내 주는 취업 비자다.

그때 나는 미국행 비행기를 타러 가면서 하나님께 이런 기도를 드렸다.

"새로운 미래를 위해 앞으로 5년을 준비하겠습니다. 그 5년의 기간에 남은 반평생을 달려갈 새로운 비전을 세우게 도와주시옵소서."

미국에서 인공지능 연구 회사를 세웠다. 인공지능에 대한 미래 예측 결과, 가능성이 보였다. 과거에는 통계와 확률을 컴퓨터로 계산해서 정량적으로 예측했는데 인공지능이 모두 대체할 것이라는 판단이 들었다. 그렇다면 미래 예측 인공지능을 내가 개발해야겠다고 생각했다. 그런데 여기에는 매우 많은 자본이 투자되어야 했다. 미국은 창업 투자 제도가 잘되어 있어서 집에서 창업을 했다. 하지만 시기상조였다. 너무 앞서다 보면 비즈니스와 타이밍이 어긋나는데, 그러면 현금 유동성이 떨어지면서 사업은 망하게 되어 있다. 엎친 데 덮친 격으로 창업 후 곧바로 코로나가 터지면서 모든 일이 꼬이기 시작했고, 결국 멈추어 버렸다. 그리고 그때부터 하나님이 나를 낮추기 시작하셨다.

하나님이 낮추시면
아무리 발버둥 쳐도 소용없다

고난의 공통 단어는 깊은 어둠, 고독, 낮아짐이다. 내게도 낮아

짐, 깊은 어둠과 고독이 한순간에 밀려왔다. 내가 스스로 낮아진 것이 아니다. 하나님이 나를 낮추셨다. 하나님이 나를 낮추기 시작하시자 내가 아무리 애를 써도 소용이 없었다. 가장 가까운 사람들에게 여러 번 배신을 당하고, 두 번의 세무조사와 세 번의 파산 위기를 맞았다. 하나님은 두 번의 파산 위험에서 극적으로 구원해 주셨다. 그러나 코로나 팬데믹으로 당한 세 번째 위기에서는 개인회생을 신청할 수밖에 없었다.

세 번의 파산 위기

솔직히 내가 세 번이나 파산 위기에 처했다고 하면 다들 깜짝 놀란다. 내가 미래학자니까 어떤 위기든 잘 극복하고 승승장구할 줄 알았던지 전혀 내색하지 않고 있다가 고난 간증을 하자 당황해했다. 하긴 기업에 미래 전략은 물론 미래 위기에 대처하는 법을 강의하는 사람이 정작 경제적 고난을 당하다니, 사실 어디 가서 말도 못하고 부끄러웠다. 아내는 늘 농담 반 진담 반으로 "당신은 미래는 알고 현실은 잘 모른다"고 말한다.

나는 파산을 두 번 했고, 한 번은 파산 직전까지 갔다. 첫 번째 파산은 미국에서 미래학 공부를 마치고 막 한국에 왔을 때다. 아버지 교회를 잠시 도와 드리다가 분당에 있는 한 교회에서 목회 비서로 사역을 했다. 지인 선교사님의 소개로 중국과 연결되었는데, 결론적으로 사기를 당했다. 그때 내가 배운 미래학으로 중국에 있는 동기 목사님이 운영하는 대안학교 학생들에게 미래 준비를 코칭했는데, 교육적으로 비즈니스가 된다고 생각했던지 중국에서 비즈니스를 해보자는 제의가 왔다.

중간에 선교사님이 소개했기에 믿었다. 중국이 한국만큼 교육열이 높으니 가능성을 봤고, 더군다나 소개받은 중국 파트너가 과거 중국 주석의 비서실장의 비서, 즉 실세라고 하기에 신뢰가 갔다. 중국의 14억 인구를 대상으로 학원을 차리고 컨설팅, 코칭을 하면 사업이 되겠다 싶어서 친구들을 모아 5명을 이사로 구성했다. 각자 돈을 출자했고 나도 돈을 빌려 투자해 비즈니스를 했다. 그때가 2006년 즈음이었는데 당시는 한국 사업들을 중국에 막 런칭하던 때였다. 중국에 도착하자 공항에서 검색대도 통과하지 않고 공안이 안내를 해주었다. 상하이 최고급 호텔에서 식사를 하며 비즈니스 전망을 이야기하는데, 우리 모두 혹했다.

그런데 나중에 알고 보니까 그들은 우리가 투자한 돈으로 우리를 접대했던 것이고, 결국 투자금이 다 떨어지자 갑자기 계약을 파기했다. 한마디로 나는 망했고, 친구까지 잃었다. 그때 쌍둥이 막내가 태어났는데 2년 동안 집에 생활비 한 푼을 못 갖다 주었다. 아내는 결혼반지가 없다. 그때 다 팔아서 쌍둥이 분유를 사다 먹였기 때문이다.

두 번째 파산은 미래연구소를 무리하게 확장하다가 왔다. 프로그램 개발과 사무실 마련, 직원 수를 늘리는 데 돈을 다 썼다. 당시 강남에 있던 연구소는 실평수가 100평이었고, 풀타임 직원과 공부하러 오는 연구원이 약 30명이었다. 민간 연구소로서 그 정도 운영하려면 중견기업 이상이 되어야 했는데, 그 일을 내가 겁 없이 했던 것이다. 왜냐하면 수입이 계속 있을 줄 알았기 때문이다. 하지만 내 수입은 강의비와 인세가 전부인데 정기적이지가 않다. 수입이 많을 때는 많고 비수기 때는 줄어든다. 처음에 그 사실을 잘 인지하지 못해 무리했고, 결국 거의 파산 일보 직전까지 간 것이다.

그런데 파산 위기라는 인생의 바닥으로 내던져진 고난 뒤 하나님의 일하심이 놀랍다. 첫 번째 파산 이후로 강연과 집필 활동을 시작했다. 당시만 해도 미래연구소를 만들고 미래학자로 활동할 생각이 전혀 없었고 계속 목회를 이어 갈 계획이었다. 그런데 부목사 월급으로는 파산으로 인한 어려움을 극복하는 것은 물론 생활하기조차 어렵다 보니 미래학이라도 가르쳐 보자, 하는 심정으로 무료 강의, 1만 원짜리 강의부터 시작했다. 하나님이 그렇게 나를 미래학으로 밀어 넣으신 것이다. 아마 첫 번째 파산이 없었다면 나는 지금도 목회를 하고 있을 것이다.

고난이 찾아올 때마다 내 인생에서는 삶이 전환되는 사건이 있었다. 목회자이기에 모든 고난의 때마다 기도하면서 이겨 낼 수 있었다. 하지만 지금 돌아보면 첫 번째 고난과 두 번째 고난 때에는 지금처럼 고난 속에 담긴 하나님의 뜻을 온전히 깨닫지는 못했던 것 같다. 사실 경제적으로 가장 어려웠던 때는 아이들 분유 값도 갖다 주지 못했던 첫 번째 고난 때였다. 하지만 그때는 젊어서 다 이겨 낼 수 있었다. 젊으니까 두렵지 않았고 다시 할 수 있다는 막연한 기대감도 있었다. 그런데 가장 두려웠던 때는 세 번째 고난 때였다. 다시 일어나지 못할까 봐 너무 두려웠다.

길고 힘겨웠던 세 번째 고난

나의 세 번째 고난은 가장 길고 힘들었다. 가장 고통스러웠다. 절망이 나를 사로잡았다. 설상가상으로, 귀에 이명 증상까지 발생했다. 군대에는 장교든 사병이든 계급장과 이름표를 모두 떼고 허름한 훈련복을 입고 받는 훈련이 있다. 유격 훈련이다. 나의 세 번째 고난은 유격 훈련과 같았다. 어느 날 갑자기 계급장과 이름표가 떼어지고 허름한 훈련복을 입고 먼지 펄펄 나는 연병장 한 가운데서 바닥을 이리저리 기어다니는 신세가 되었다.

코로나 팬데믹은 국내외 경제에 엄청난 충격을 가했다. 만 2년 동안 온 세상을 봉쇄시켰다. 전염병 확산과 사망자 수를 줄이기 위해 강력한 사회적 거리두기를 하여 사람들의 대면 접촉을 극도로 제한했다. 사람들이 출근을 하지 않고 재택근무가 확산되자, 미국에서는 기업 가치가 470억 달러(한화 약 62조)에 달했던 사무실 공유 기업인 '위워크'가 경영난에 빠져 파산 보호를 신청할 정도였다.

사람들의 대면 모임이 폐쇄되자 내가 하는 강의 영역도 대충격을 받았다. 일부 강사들은 비대면 강의로 새로운 기회를 맞았지만, 나는 달랐다. 내가 하는 기업 강의의 대부분은 임원, 사장단, 회장을 대상으로 한다. 이런 강의는 화상으로 진행되지 않는다. 코로나 팬데믹 2년 동안 강의 매출이 급감했다. 설상가상으로, 내가 거래하는 출판사에도 어려움이 생겨서 신규 출판이 지지부진했다. 매출이 급감해도 한 달에 고정 비용이 4-5천만 원씩 계속 나가야 했다. 1년이면 5억이 넘었다. 코로나 팬데믹 3년을 버티는 데만 15억 원 이상이 필요했다.

나는 미래학 지식을 활용해서 개인 투자도 사업 중 하나로 하고 있었다. 코로나 팬데믹 기간, 투자 시장은 호황을 누렸다. 나도 600% 투자 수익률을 올렸지만 매달 나가는 경비 지출을 막는 데 모두 밀어 넣어야 했다. 밑 빠진 독에 물 붓기였고 곳간에 쌓이지 않았다.

코로나 팬데믹 사태는 천재지변이고 모두 겪는 위기라고 나 자신을 위로했다. '이번 고비만 넘기면 된다'고 마음을 굳게 먹고 은행 대출을 최대로 받으며 버텼다. 살아남기 위해 강남 사무실을 정리하고 직원들도 모두 퇴사시켜야 했다. 가장 친한 친구와 지인에게 손을 내밀어야 했다. 너무 부끄럽고 힘들었다. 자존심이 땅에 떨어졌지만 내 힘과 능력으로 위기를 돌파할 수 있다며 이를 악물었다. 하지만 틀린 생각이었다. 어리석은 생각이었다.

하나님이 돕지 않으시면 우리는 한순간도 살아갈 수 없다. 하나님이 은혜를 주지 않으시면 밀을 심어도 가시를 거두며, 수고하여도 소득이 없은즉, 그 소산으로 말미암아 스스로 수치를 당하게 된다(렘 12:13). 우리가 많이 뿌릴지라도 수확이 적으며, 먹을지라도 배부르지 못하며, 마실지라도 흡족하지 못하며, 입어도 따뜻하지 못하며, 일꾼이 삯을 받아도 그것을 구멍 뚫어진 전대에 넣음이 된다(학 1:6).

하나님이 세우고 지키지 않으시면 내 노력과 수고로 소득을 얻어도 모래를 움켜쥐는 것같이 모두 **빠져나가** 헛것이 된다(시 127:1-2). 많은 것을 바라지만 적게 얻고, 그것을 집으로 가져가도 그것마저 하나님이 불어 버리시면 날아가 버린다(학 1:9). 내가 수고하여 얻은 것을 팥중이가 먹고, 팥중이가 남긴 것을 메뚜기가 먹고, 메뚜기가 남긴 것을 느치가 먹고, 느치가 남긴 것을 황충이 먹어 없애 버린다(욜 1:4). 하늘은 이슬을 그치고 땅은 산물을 그친다(학 1:10). 수고하여 얻은 것을 삼키지 못하고 돌려주며 매매하여 얻은 재물로 즐거움을 삼지 못하게 된다(욥 20:18).

우리가 손에 얻은 것은 내 노력과 수고의 열매가 아니다. 만군의 여호와께서 나를 위하여 메뚜기를 금하여 나의 토지 소산을 먹어 없애지 못하게 하며 나의 밭의 포도나무 열매가 기한 전에 떨어지지 않게 하시는 은혜 덕분이다(말 3:11). 이 땅과 산과 곡물과 새 포도주와 기름과 땅의 모든 소산과 사람과 가축과 손으로 수고하는 모든 일에 한재가 들지 않게 하셨기 때문이다(학 1:11). 하나님이 범사에 지도해 주셔야 수고하고 얻은 소득이 내 손에 넘치고 창고에 쌓인다(잠 3:5-10). 인간은 이런 사실을 고난이 오기 전에는 진심으로 깨닫지 못한다. 나도 마찬가지였다.

2년간의 사회적 거리두기가 끝나자 강의 시장도 다시 열리기 시작했다. 출판도 재개되었다. '죽지 않고 버틴 것이 기적이다. 이제는 살았다' 하고 안도했지만 상황은 다시 급변했다. 또 다른 위기가 나를 기다리고 있었다. 코로나 팬데믹으로 인한 봉쇄가 끝나자 미국 중앙은행이 급격한 기준금리 인상을 시작했다. 한국에도 금리 인상 태풍이 몰아쳤다. 40년 만에 최고 인플레이션 파도, 중국 경기 침체 등이 들이닥쳤다. 기업들이 다시 움츠러들기 시작했다. 강의 취소가 1억 원어치 넘게 일어났다. 순식간이었다. 강의를 취소한 회사, 강의를 기획한 에이전트사가 원망스러웠다.

원망하는 마음이 채 가시기도 전에, 남은 약속된 강의들이 걱정되었다. 남은 강의라도 잘 지켜야 한다는 다급한 마음이 생겼다. 강의 담당자에게 잘못 보이면 어떡하나, 하는 생각이 들었다. 혹시 내가 그 사람의 심기를 불편하게 하는 말을 한 것은 없나 싶어 눈치를 보고 안절부절못하기 시작했다. 그때 알았다. 위기에 몰리면 본능적으로 사람에게 잘 보이려는 마음이 생기고 하나님보다 눈에 보이는 사람을 먼저 무서워하게 된다.

성경은 말한다. 어떤 위기 가운데서도 여호와를 의지해야만 안전해진다고 말이다. 사람을 두려워하면 올무에 걸린다(잠 29:25). 하나님만이 나를 위로하시는 분이고, 죽을 사람을 두려워하며 풀 같이 될 사람을 두려워하면 안 된다(사 51:12). 하나님을 의지하면 그 어떤 사람도 나를 어찌하지 못한다(시 56:11). 7년의 극심한 흉년 뒤에도 하나님이 계시기 때문이다. 하지만 인간은 고난을 당하면 즉각 이 말씀을 따라서 행동하지 못한다. 나도 마찬가지였다.

고난이 깊어지는 만큼 기도가 깊어질 때 문득 깨달았다. 한 푼이 급한 절박한 상황에서 1억 원어치가 넘는 강의가 한순간에 취소되게 만드신 분은 하나님이셨다. 강의를 취소한 회사, 강의를 기획한 에이전트사의 잘못이 아니었다. 내가 지킨다고 지킬 수 있는 것이 아니었다. 하나님이 하신 일이었다. 내게 의뢰한 강의를 취소해야겠다는 마음은 기업이나 강의 담당자들이 먹었지만 그 마음을 주관하시는 이는 하나님이셨다.

그는 그들 모두의 마음을 지으시며

그들이 하는 일을 굽어살피시는 이로다(시 33:15).

사람의 마음을 지으신 분이 하나님이시다. 하나님은 사람의 마음을 감찰하고 굽어살피신다. 하나님은 한 사람의 마음을 완악한 대로 버려 두어 그의 임의대로 행하게도 하시고(시 81:12) 천하의 왕, 최고 권력자의 마음도 마음대로 주관하신다.

왕의 마음이 여호와의 손에 있음이 마치 봇물과 같아서

그가 임의로 인도하시느니라(잠 21:1).

요셉이 애굽에 노예로 끌려갈 때를 생각해 보자. 하나님은 형들의 마음을 몇 번이고 임의로 바꾸셔서 '요셉이 애굽에 노예로 팔려 가는 하나님의 계획'을 이루셨다. 처음에 형들이 먹은 마음은 요셉을 죽여 구덩이에 던지려는 것이었다.

자, 그를 죽여 한 구덩이에 던지고 우리가 말하기를

악한 짐승이 그를 잡아먹었다 하자(창 37:20).

하지만 하나님은 장자 르우벤의 마음을 바꾸셨다.

> 르우벤이 듣고 요셉을 그들의 손에서 구원하려 하여 이르되
> 우리가 그의 생명은 해치지 말자
> 르우벤이 또 그들에게 이르되 피를 흘리지 말라
> 그를 광야 그 구덩이에 던지고 손을 그에게 대지 말라 하니
> 이는 그가 요셉을 그들의 손에서 구출하여
> 그의 아버지에게로 돌려보내려 함이었더라(창 37:21-22).

르우벤이 말리자 다른 형들은 어쩔 수 없이 요셉을 직접 죽이지 않고 빈 구덩이에 가두어 굶어 죽이기로 마음을 바꾸고 둘러앉아서 음식을 먹었다. 그때 하나님이 넷째 형 유다의 마음을 한 번 더 바꾸셨다. 때마침 지나가는 이스마엘 무역상들에게 요셉을 팔아넘기는 것이 더 낫다는 마음이 들게 하셨다. 하나님은 다른 형들의 마음도 바꾸셔서 유다의 제안에 동조하게 하셨다. 하나님은 한 사람의 마음도 바꾸시고, 집단의 마음도 바꾸시고, 나라 전체의 마음도 바꾸실 수 있다.

> 유다가 자기 형제에게 이르되 우리가 우리 동생을 죽이고
> 그의 피를 덮어 둔들 무엇이 유익할까
> 자 그를 이스마엘 사람들에게 팔고
> 그에게 우리 손을 대지 말자 그는 우리의 동생이요

우리의 혈육이니라 하매 그의 형제들이 청종하였더라
(창 37:26-27).

하나님은 '요셉이 애굽에 노예로 팔려 가는 하나님의 계획'을 이루시려고 형들의 마음을 두 번이나 바꾸셨고, 정확한 타이밍에 이스마엘 무역상들이 형들 앞을 지나가게 하셨고, 형들이 요셉을 팔아넘길 때 장자 르우벤이 그 자리를 비우도록 치밀하게 일하셨다(창 37:29).

하나님은 요셉이 감옥에 갇혔을 때 간수장의 마음에 은혜를 베푸셔서 옥중 죄수를 다 요셉의 손에 맡기게 하심으로 술 맡은 관원장을 만나게 하셨다(창 39:21-22). 술 맡은 관원장이 그 마음에서 요셉을 잊어버리게 하신 분도 하나님이시다(창 40:23). 그의 마음에 요셉을 다시 기억하게 하신 분도 하나님이시다(창 41:9-13). 바로가 요셉을 당장 불러야겠다고 마음먹게 하신 분도 하나님이시다(창 41:14). 요셉의 해석을 바로와 모든 신하의 마음에 좋게 여기게 하신 분도 하나님이시다(창 41:37). 바로가 요셉을 총리로 삼아야겠다고 마음먹게 하신 분도 하나님이시다(창 41:41).

일이 되고 안 되고는 사람이 정하지 않는다. 하나님이 정하신다. 사람이 된다고 해도 하나님이 안 된다 하시면 안 된다. 사람이 안 된다 해도 하나님이 된다 하시면 된다. 주께서 나를 깊은 웅덩이와 어둡고 음침한 곳에 두시면 별수가 없다(시 88:6). 내 주위 모든 사람을 흩으시고 그들의 눈 밖에 나게 하시는 분은 하나님이시다(시 88:8). 내게서 사랑하는 자와 친구를 멀리 떠나게 하시며 내가 아는 자를 흑암에 두어 나를 돕지 못하도록 하시는 분도 하나님이시다(시 88:18). 이 모든 것이 다윗의 고백이다.

그래서 우리는 사람을 무서워할 것이 아니라 하나님을 두려워해야 한다. 나의 살고 죽음이 사람에게 있지 않다. 하나님께 있다. 모든 문제의 뒤에는 하나님이 계신다고 생각해야 해답을 찾을 수 있다. 문제와 사람 뒤에 계신 하나님을 보라. 나의 흥망성쇠는 사람이 결정하지 않는다. 하나님이 결정하신다. 일이 되게 하시는 분도 하나님이시고, 안 되게 하시는 분도 하나님이시다. 사람과의 씨름은 아무 소용없다. 아무것도 결정하지 못한다. 사람에게 묻지 말고 하나님께 여쭈어야 한다. 사람의 마음을 바꾸려고 하지 말고 하나님의 마음을 바꾸는 기도를 해야 한다.

하나님은 모든 사람이 안 된다고 하는 성공도 내 생애에서 일어나게 하셨고, 사람이 된다고 약속했던 강의를 취소시키기도 하셨다. 나의 날이 지나가고 내 계획, 내 마음의 소원이 다 끊어지게 하신 분도 하나님이시다(욥 17:11).

하나님이 나를
말할 수 없는 고통에 밀어 넣으셨다

주께서 내가 눈을 붙이지 못하게 하시니
내가 괴로워 말할 수 없나이다(시 77:4).

하나님이 나의 물질을 모두 되찾아 가신 것은 한순간이었다. 나는 사업을 위해 장모님 집을 담보로 대출을 받았었다. 그 집도 강제 경매에 넘겨질 정도로 막다른 골목에 내몰렸다. 나는 70-80세 되신 양가 부모님의 생활비 전체를 오랫동안 책임졌다. 이제 그것마저 드리지 못할 상황에 이르렀다. 부모님들이 집을 잃고 길거리로 내몰릴 상황이었다. 빚 독촉에도 매일 시달렸다. 한 출판사는 계약을 취소하고 수천만 원의 선인세를 돌려 달라고 압박했다. 그때 막내아들이 했던 말, "우리 이제 망한 거야?"라는 말이 아직도 기억에 생생하게 남아 있다.

그래도 침착함을 잃지 않으려 노력했다. 야곱도 형이 자기를 죽이려 코 앞까지 달려온 상황에 맞닥뜨리자 절박한 마음, 심히 두렵고 답답한 마음으로 배수진을 쳤다. 나름 최악의 상황까지 대비하는 치밀한 계산을 했다. 준비를 했다. 나도 마찬가지였다. 살기 위해 모든 방법과 생각, 계산을 총동원했다. 미국에서 대학 공부를 하고 있는 첫째와 둘째에게는 휴학을 하고 돈을 벌게 했다. 고등학생인 셋째와 넷째에게는 아르바이트를 해서 가정 생활비를 도와야 한다고 부탁했다. 감사하게도, 모든 아이들이 가정 형편과 위기를 이해하고 한마디 불평도 없이 나의 부탁을 들어주었다. 아이들이 한마디 불평도 하지 않으니 부모로서 마음이 더욱 아팠다. 답답했다. 아내에게 가장 미안했다. 나 때문에 고난의 길을 다시 가게 하는 것이 미안했다.

> 야곱이 심히 두렵고 답답하여
> 자기와 함께한 동행자와 양과 소와 낙타를 두 떼로 나누고
> 이르되 에서가 와서 한 떼를 치면
> 남은 한 떼는 피하리라 하고…
> 내가 그를 두려워함은 그가 와서 나와 내 처자들을 칠까
> 겁이 나기 때문이니이다(창 32:7-11).

다가올 최악의 상황을 염두에 두어 배수진을 치고 한국으로 되돌아오는 비행기를 탔다. 비행기에 앉아 내 신세를 생각하니 하염없이 눈물이 났다. 비행기가 갑자기 난기류를 만나서 심하게 흔들리는데 하나도 두렵지 않았다. 이대로 하나님 앞에 가면 차라리 편하겠다는 생각이었다.

'주께서 나를 버리셨는가? 더 이상 은혜를 베풀지 않으시는가?'

서러운 눈물이 계속 흘렀다. 30여 분을 울고 나니 지난 과거의 수고와 노력이 생각나면서 내 생애 처음으로 '이제 그만 쉬고 싶다'는 생각이 들었다. 다윗도 고통과 고난 가운데 있는 자신의 심정을 이렇게 고백했다.

> 주께서 내가 눈을 붙이지 못하게 하시니
> 내가 괴로워 말할 수 없나이다
> 내가 옛날 곧 지나간 세월을 생각하였사오며
> 밤에 부른 노래를 내가 기억하여
> 내 심령으로, 내가 내 마음으로 간구하기를
> 주께서 영원히 버리실까, 다시는 은혜를 베풀지 아니하실까,
> 그의 인자하심은 영원히 끝났는가,
> 그의 약속하심도 영구히 폐하였는가,
> 하나님이 그가 베푸실 은혜를 잊으셨는가,
> 노하심으로 그가 베푸실 긍휼을 그치셨는가 하였나이다
> (시 77:4-9).

한국에 돌아와서 죽을힘을 다해 애를 썼다. 하지만 아무리 발

버둥 쳐도 내 능력으로는 예전의 10분의 1의 결과도 나오지 않았다. 아무리 머리를 쥐어짜도 예전의 통찰력과 지혜의 탁월함은 나오지 않았다. '마음이 번잡하고 살을 베는 듯한 근심과 두려움에 사로잡혀서일까?'라고 생각도 해보았다. 아니었다. 하나님이 낮추시면 내가 아무리 발버둥 쳐도 소용없다는 것을 그때 깨달았다.

다윗의 "내 활과 칼이 나를 구원하지 못하리이다"라는 고백이 마음에 와닿았다(시 44:6). 많은 군대로 구원 얻은 왕이 없으며 용사가 힘이 세어도 스스로 구원하지 못한다(시 33:16). 우리를 사망에서 건지시며 우리가 굶주릴 때에 살리시는 분은 오직 여호와 한 분뿐이시다(시 33:19).

내가 수십 년간 공부하고 연구해서 쌓아 올린 지식, 사람들 가운데서는 탁월하다 평가받은 지식과 지혜는 나를 구하지 못했다. 내가 수고하고 노력하여 얻었다고 자랑했던 지식, 정보, 지혜는 별것이 아니었다. 우리가 배워서 아는 지식은 파편에 불과하다. 실체에 대해 희미하게 아는 것뿐이다. 하나님을 넣어야 희미한 부분으로 알던 것이 선명해지고 완전히 맞춰진다.

이 사실을 깨달으니, 베스트셀러에 오르고 방송에서 부를 만큼 사람들을 놀라게 한 지혜와 지식의 깊이와 넓이, 통찰력의 탁월함은 내가 배워서 얻은 것이 아니라 하나님이 주신 은혜였다. 내가 얻은 과거의 열매들은 10배, 20배, 30배, 100배의 축복의 결과였다. 하나님의 은혜 없이 나는 그저 평범한 사람, 보통 사람, 그저 남들보다 지식을 조금 더 많이 공부한 사람, 그래서 아는 것이 몇 가지 더 많은 사람에 불과했다. 세상에 차고 넘치는 그런 수준의 사람이었다.

다윗의 고백처럼 내가 지난날에 얻은 통찰력, 명성, 부는 내 칼과 활로 땅을 얻어 차지함이 아니요, 나의 팔이 나를 구원함도 아니고, 오직 주의 오른손과 주의 팔과 주의 얼굴의 빛으로 하신 것이었다. 주께서 나를 기뻐하신 까닭에 주신 은혜들이었다.

> 그들이 자기 칼로 땅을 얻어 차지함이 아니요
> 그들의 팔이 그들을 구원함도 아니라
> 오직 주의 오른손과 주의 팔과
> 주의 얼굴의 빛으로 하셨으니
> 주께서 그들을 기뻐하신 까닭이니이다(시 44:3).

하나님이 나를 말할 수 없는 고통에 밀어 넣으시자 나는 작은 고난에도 흔들릴 만큼 지쳐 갔다. 마음이 심히 약해져서 그 누구의 전화도 받기 힘들었다. 피했다. 내 짐이 너무 큰데 누군가의 걱정이나 짐을 하나라도 내 마음에 더 얹으면 와르르 무너질 것 같았다. 밤이 늦도록, 이른 새벽마다 "주여 나는 외롭고 괴로우니 내게 돌이키사 나에게 은혜를 베푸소서 내 마음의 근심이 많사오니 나를 고난에서 끌어내소서"(시 25:16-17) 하고 탄식하며 기도했다. 기도하면서 수없이 생각했다.

'왜 하나님이 나를 이렇게까지 가혹한 상황에 밀어 넣으셨을까?'

그리고 말씀을 읽으며 깨달았다. 고난은 하나님에 대한 나의 생각과 믿음을 완전히 바꾼다. 고난이 없었다면 결코 깨달을 수 없는 것을 체험하게 한다. 고난은 진짜 중요한 것이 무엇인지 알게 한다. 그래서 고난도 내게는 은혜다. 축복이다.

하나님은 이런 상황을 내가 체험하여 "여호와께 피하는 것이 사람을 신뢰하는 것보다 나으며 여호와께 피하는 것이 고관들을 신뢰하는 것보다 낫도다"(시 118:8-9)라는 말씀의 의미를 깨닫게 하셨다. "너는 나를 밀쳐 넘어뜨리려 하였으나 여호와께서는 나를 도우셨도다 여호와는 나의 능력과 찬송이시요 또 나의 구원이 되셨도다"(시 118:13-14)라고 고백하게 만드셨다. 다윗처럼 "내가 죽지 않고 살아서 여호와께서 하시는 일을 선포하리로다"(시 118:17)라고 다짐하게 만드셨다.

나는 목사다. 모태신앙이다. 성경을 수없이 읽었다. 내가 이 모든 것을 이제야 깨달았다고 오해하지 말라. 나는 고난 이전에도 이 말씀들을 잘 알고 있었다. 단, 머리로 알고 있었다. 하나님은 나를 말할 수 없는 고통에 밀어 넣으셔서 이것들을 머리에서 가슴으로, 생각에서 체험적 확신으로 바꾸셨다. 머리로 아는 것은 부족하다. 체험해야 한다. 말씀이 내 삶 속에서 살아서 움직여야 비로소 그 깊은 뜻과 넓은 은혜를 알게 된다.

CHAPTER / 02

하나님이 나와
씨름을 시작하시다

나의 마지막 노력,
마지막 계산이 끝난 후에야

여호와께서 나를 심히 경책하셨어도
죽음에는 넘기지 아니하셨도다(시 118:18).

야곱의 온 가족은 두 무리로 나뉘어 요단강 앞에서 하루를 지냈다. 형 에서가 와서 한 무리를 공격하면 남은 한 무리는 그 사이에 도망갈 요량이었다. 야곱의 마음은 두려움과 걱정으로 가득했다. 창세기 27장 41절을 보면, 에서는 아버지 이삭에게 자신이 받을 축복을 야곱이 가로챘다는 사실에 분노했다. 미워했다. 마음속으로 아버지가 돌아가시면 야곱을 반드시 죽여서 한을 풀 것이라고 외쳤다. 이 말이 어머니 리브가의 귀에까지 전해졌다. 그 길로 리브가는 야곱에게 에서의 분노가 풀릴 때까지 외삼촌 집에 숨어 있으라고 했다. 단 며칠만 지나면 에서의 화가 풀릴 줄 알았다(창 27:44-45). 야곱도 형의 화가 며칠이면 풀릴 줄 알고 잠시 밧단아람에(창 35:9) 있는 외삼촌 라반의 집으로 피신했지만, 그 여정은 20년이나 걸리고 말았다(창 31:41).

에서는 야곱을 죽이려고 오랜 세월을 벼르며 기다렸다. 그만큼 에서의 분노는 컸고, 야곱의 두려움은 깊었다. 에서가 거느리고 온 무리 400명은 '군대'를 의미하는 숫자다(창 32:6). 아브라함이 조카 롯을 구하러 갈 때 데려간 군대의 숫자는 318명이었다(창 14:14). 에서는 아브라함의 군대보다 많은 병력을 몰고 야곱에게 달려왔다. 야곱은 심히 두렵고 답답하여 하나님께 기도했다.

> 야곱이 또 이르되 내 조부 아브라함의 하나님,
> 내 아버지 이삭의 하나님 여호와여 주께서 전에 내게 명하시기를
> 네 고향, 네 족속에게로 돌아가라 내가 네게 은혜를 베풀리라
> 하셨나이다 나는 주께서 주의 종에게 베푸신 모든 은총과
> 모든 진실하심을 조금도 감당할 수 없사오나
> 내가 내 지팡이만 가지고 이 요단을 건넜더니
> 지금은 두 떼나 이루었나이다 내가 주께 간구하오니

> 내 형의 손에서, 에서의 손에서 나를 건져 내시옵소서
> 내가 그를 두려워함은 그가 와서 나와 내 처자들을 칠까
> 겁이 나기 때문이니이다(창 32:9-11).

나도 똑같이 기도했다. 하나님을 부르면 내게 은혜를 베풀리라 약속하셨지 않느냐고 기도했다. 세상의 화가 내 아내와 아이들에게까지 미칠까 겁이 났다.

기도를 마친 후 야곱은 마지막으로 자기가 할 수 있는 노력을 했다. 야곱은 형 에서의 칼에서 자기와 가족의 목숨을 지키려면 어떻게 해야 할지를 곰곰이 생각했다. 일단, 형을 위해 큰 선물을 준비했다. 200마리 암염소, 20마리 숫염소, 200마리 암양, 20마리 숫양, 30마리 젖 나는 낙타와 그 새끼들, 40마리 암소, 10마리 황소, 20마리 암나귀와 10마리 새끼 나귀였다. 대략 580마리의 가축이었다. 그다음으로 그것을 세 떼로 나누어 거리를 두어 가게 했다. 형이 선물을 여러 번 받으면 서서히 화가 줄어들면서 마지막에 자기를 만나면 살려 줄지도 모른다는 계산이었다. 야곱은 종들에게 형을 만나면 할 말도 구체적으로 지시했다.

> 주의 종 야곱의 것이요 자기 주 에서에게로 보내는 예물이오며
> 야곱도 우리 뒤에 있나이다(창 32:18).

야곱은 계획을 실천에 옮겼다. 낮에는 세 떼의 선물을 앞서 보냈다. 밤이 되자 두 아내와 두 여종과 열한 아들과 나머지 소유도 얍복강 나루를 건너가게 했다(창 32:7-23). '푸른 강'이란 뜻을 가진 얍복강은 요단강 동편에 있는 요단강의 한 지류였다.

하나님은 야곱의 마지막 노력, 마지막 계산까지 묵묵히 지켜보고 계셨다. 나도 고난에서 벗어나기 위해 인간적으로 할 수 있는 마지막 노력까지 다 했다. 몇 날 며칠 생각을 쥐어짜면서, 더 이상은 할 수 없을 정도로 위기를 극복할 계산을 모두 다 해보았다.

할 수 있는 모든 것을 한 야곱. 이제 그는 홀로 남았다. 야곱이 홀로 남았듯 나도 혼자 남았다. 그 어디에도 기댈 수 없었고 홀로 내팽개쳐졌다. 마지막 수단까지 다 동원해도 야곱의 마음은 편치 않았다. 두려움과 답답함이 사라지지 않았다. 나도 마찬가지였다. 그때 하나님이 이렇게 물으셨다.

"너의 노력과 계산이 끝났니?"

그리고 하나님과 야곱의 씨름이 시작되었다. 성경은 "어떤 사람이 날이 새도록 야곱과 씨름하다가"(창 32:24)라고 기록하고 있다. 이 구절에 주목해야 한다. 야곱이 먼저 씨름을 한 것이 아니다. 주어는 '어떤 사람'이다. 하나님이 먼저 야곱과의 씨름을 청하신 것이다. 나도 그랬다. 고난은 하나님이 나와 씨름하기 위해 만드신 상황이었다. 나의 고난과 고통이 길어진 데는 이유가 있었다. 하나님이 나를 야곱의 씨름 장소로 밀어 넣으시기 위함이었다. 야곱은 형의 칼에서 자기 목숨을 구하기 위해 철저하게 계산했다. 나도 그랬다. 하나님은 나의 마지막 노력과 마지막 계산까지 묵묵히 지켜보고 계셨다. 그리고 내 두려움이 여전할 때 하나님은 나와 씨름을 시작하셨다.

야곱은 하나님을 자기 힘으로 삼지 않고 오직 자기 재물의 풍부함을 의지했었다. 나도 그랬다. 마음속 깊은 곳에서는 하나님을 내 힘으로 삼지 아니하고 오직 내 능력의 든든함과 재물의 풍부함을 의지했다(시 52:7). 어리석은 자는 스스로 마음에 이르기를 하나님이 없다고 말하고 하나님이 기뻐하지 않으시는 생각과 행동으로 자신을 든든하게 하려고 한다(시 53:1).

어리석은 자가 되지 말고 하나님을 간절히 찾아야 한다. 자기 능력의 든든함과 재물의 풍부함을 힘으로 삼지 말라. 말씀을 붙들고 씨름하고 간절한 기도의 줄을 붙잡고 절박한 씨름을 해야 한다. 하나님이 하늘에서 인생을 굽어살피사 하나님을 찾는 자가 있는가 보고 계신다(시 53:2).

매일 내려놓고,
매일 의지하고, 매일 붙들고

 하나님이 먼저 씨름을 걸어오셨고, 야곱도 간절했다. 허벅지 관절이 어긋나도 씨름을 멈추지 않았다. 나도 간절했다.
 '씨름'이 무엇일까? 히브리어로 '씨름하다'를 의미하는 '아바크'는 '껴안다, 포옹하다'라는 뜻이다. 그래서 씨름은 간절함과 매달림이다. 하나님만 붙들고 있는 상태다. 자포자기가 아니다. 야곱은 사람과의 불필요한 씨름, 효과 없는 씨름을 멈춘 것이다. 세상에서 혼자 몸부림치는 일을 그만둔 것이다. 내 능력이 아무것도 아니라는 사실을 깨닫고 내려놓은 것이다. 귀인들을 의지하지 않고 도울 힘이 없는 내 인생도 의지하지 않는다는 선언이다(시 146:3). 그리고 하나님과 씨름하는 올바른 해법에 매달린 것이다. 하나님의 발에 매달린 것이다. 예수님의 옷자락을 붙잡고 매달린 것이다.
 야곱의 씨름은 날이 새도록 이어졌다. 동틀 무렵, 야곱과 씨름하는 사람이 자기가 이기지 못하겠다고 항복했다. "나로 가게 하라"고 부탁했다. 야곱이 씨름을 잘해서가 아니다. 처음부터 이 싸움은 하나님이 져 주시는 씨름이었다. 야곱은 간청했다.

> 당신이 내게 축복하지 아니하면
> 가게 하지 아니하겠나이다(창 32:26).

야곱이 씨름하던 사람을 붙잡고 축복해 달라고 절박하게 청한 것은 재물을 더 달라는 요구가 아니다. 형의 칼에서 살려 달라는, 이 위기에서 건져 달라는, 이 고난에서 나를 구원해 달라는 것이다. 다윗도 고난과 위기 속에서 하나님과 씨름했다. 다윗도 간절히 청했다. "구원의 하나님이시여, 내가 종일 주를 기다립니다. 진리로 나를 지도해 주소서"라고 간절하게 청했다(시 25:5). 다윗의 씨름이 얼마나 간절했는지 보자.

> 주를 향하여 손을 펴고 내 영혼이 마른 땅같이
> 주를 사모하나이다 (셀라) 여호와여 속히 내게 응답하소서
> 내 영이 피곤하니이다 주의 얼굴을 내게서 숨기지 마소서
> 내가 무덤에 내려가는 자 같을까 두려워하나이다(시 143:6-7).

나도 다윗처럼 하루 종일 주를 기다렸다. 야곱처럼 허벅지 관절이 어긋남을 당해도 하나님을 붙잡은 손을 절대 놓을 수 없었다. 죽을힘을 다해 매달렸다. 주를 향하여 내 손을 펴고 내 영혼이 마른 땅같이 주를 갈구했다. 내 영혼이 피곤하니 주의 얼굴을

내게서 숨기지 마시고 속히 응답해 달라고 부르짖었다. 야곱과 하나님의 씨름, 다윗과 하나님의 씨름이 밤새 이루어졌듯, 나와 하나님의 씨름도 매일 이루어졌다. 하나님이 그렇게 만드셨다.

절체절명의 고난에 빠졌을 때 새벽에 눈을 뜰 때마다, 하루를 생활하면서도 느닷없이, 불쑥불쑥 두려움과 공포가 엄습해 왔다. 마음의 고통이 반복해서 공격했다. 그래서 기도를 쉬면 하루를 견딜 수 없었다. 하나님의 약속의 말씀을 읽고 되뇌지 않으면 두려움이 사라지지 않았다. 하나님은 내가 매일 아침 눈을 뜨면 제일 먼저 하나님을 기억해야 살 수 있게 하셨다. 매일 내려놓기를 반복했고, 매일 의지하고 의지했고, 매일 소망을 붙들고 견뎠다. 매일 새벽마다 "이것은 하나님과의 씨름이다"라는 말을 수십, 수백 번 되뇌며 기도했다.

하나님은 야곱의 간절함을 보고 축복하셨다(창 32:29). 하나님이 고난에 처한 야곱에게 주신 축복은 무엇이었을까? 형통이다. 평안이다.

아브라함의 종은 이삭의 결혼 상대를 찾는 상황에서 "하나님 여호와여 만일 내가 행하는 길에 형통함을 주실진대"(창 24:42)라고 기도했다. 요셉이 감옥에 갇힌 상황에서 "간수장은 그의 손에 맡긴 것을 무엇이든지 살펴보지 아니하였으니 이는 여호와께서 요셉과 함께하심이라 여호와께서 그를 범사에 형통하게 하셨더라"(창 39:23)라는 말씀이 성경에 나온다. 다윗은 여호와의 집에 올라가면 내 성안에 평안이 있고 궁중에 형통함이 있다고 고백했다(시 122:7).

'형통'(亨通)은 한자어로 '형통할 형'(亨), '통할 통'(通)을 사용한다. '온갖 일이 뜻과 같이 잘되고 번영함'이라는 의미다. 영어 성경에서 형통은 'to prosper', 'prosperity'라는 단어를 사용한다. 'prosper'는 라틴어 'prosperus'에서 유래되었다. 'pro-'는 '~을 대신해', '~을 위하여'라는 뜻을 가진 'for' 또는 'on behalf of'를 의미한다. '-sperus'는 'hope'(희망, 기대, 소망)와 관련된 라틴어 'sperare'에서 파생되었을 가능성이 높다. 따라서 라틴어 'prosperus'는 'hope for success'(성공과 성취를 위한 기대) 또는 'act on behalf of hope'(희망과 소망을 기대하게 하는 순조로운 행동)와 같은 의미로 해석될 수 있다.

형통의 히브리어 '찰레아흐'의 뜻은 'in good condition', 'be good for anything', 'be successful or bring to successful'이다. 어떤 상황에서도 좋게 결론이 나는 것, 내 안에서 하나님의 뜻이 성취되는 것, 종국에는 승리를 얻게 하는 것을 뜻한다.

하나님은 아브라함의 종에게 하나님이 정하신 이삭의 아내 리브가를 만나는 형통을 주셨다. 요셉에게는 감옥에서도 모든 일에서 하나님이 뜻하신 바와 같이 잘되는 형통을 주셨다. 형통은 하나님과 계약의 대상인 이스라엘이 언약을 지킬 때 얻는 약속된 축복이다. 모든 일에서 얻을 수 있고(신 29:9), 어디로 가든지 얻을 수 있다(수 1:7).

'평안'(平安, peace)의 한자어는 '평평할 평, 다스릴 평'(平), '편안할 안'(安)이다. '모든 것이 원만하여 마음에 걱정이 없는 상태'다. 영어로는 전쟁과 충돌이 그친 상태다. 영어 단어 'peace'의 어원은 중세 영어 'pece' 또는 'pees'에서 유래되었으며, 이는 또한 구 영어 'peac'에서 파생되었다. 구 영어 'peac'은 '휴전' 또는 '평화'를 의미한다. 구 영어 'peac'은 '평화'를 의미하는 라틴어 'pax'(복수형은 pacis)에서 파생되었다. 라틴어 'pax'는 라틴어 동사 'pacisci'에서 파생되었는데, 이는 '협정을 맺다' 또는 '합의하다'를 의미했다. 따라서 영어 단어 'peace'의 원래 의미는 '협정' 또는 '합의'에서 시작되었고, 시간이 지남에 따라 '휴전'이나 '평화', '전쟁, 분쟁, 혼란, 불안 등에서의 자유'라는 더 넓은 의미로 발전하게 되었다.

평안의 히브리어 '샬롬'의 어원은 '완전하다, 온전하다, 꽉 차다'라는 의미에서 출발한다. 불완전한 평화가 아니라 완전하고 완벽하고 부족함이 없는 온전한 평화다. 평안이다. 성경에서 샬롬의 뜻을 가진 이름을 쓰는 인물은 솔로몬이다. 솔로몬은 히브리어로 '슐로모'다. '슐로모'의 뜻은 '평화가 충만한'이다. 솔로몬의 통치 기간에 전쟁 이야기가 없다. 이런 평안을 주시는 분은 하나님 한 분뿐이시다.

즉 우리의 마음에 임하는 진정한 평안은 '하나님과 예수님, 예수님과 우리'의 협정, 합의, 약속에서만 나온다. 크게는, 예수님은 나와 하나님의 완전한 평화를 이루셨다. 작게는, 예수님은 고통 속에서도 내 마음이 평안하도록 지켜 주신다.

다윗이 시편 127편 2절에서 고백한 "여호와께서 그의 사랑하시는 자에게는 잠을 주시는도다"라는 말은 '평안을 주신다'는 의미다. 잠 못 이루는 고통, 불안, 좌절과 공포에서 우리를 구원하여 마음의 평안을 지켜 주신다는 말이다.

> 아무것도 염려하지 말고 다만 모든 일에 기도와 간구로,
> 너희 구할 것을 감사함으로 하나님께 아뢰라
> 그리하면 모든 지각에 뛰어난 하나님의 평강이
> 그리스도 예수 안에서 너희 마음과 생각을 지키시리라
>
> (빌 4:6-7).

'예루살렘'은 'foundation of shalem'이라는 뜻이다. '샬렘'은 'God of peace'(평화의 왕)이므로, '평화의 왕이 계시는 곳'이 '예루살렘'에 담긴 뜻이다. 아이러니하게도, 예루살렘은 전쟁과 평화

가 반복된 도시다. 그러나 원칙이 있다. 하나님을 떠나면 전쟁에 휩싸였고, 하나님께 돌아오면 평화가 가득했다. 예수 그리스도를 믿으면 우리의 마음에 하나님 나라가 임한다(눅 17:20-21). 우리 마음이 '평화의 왕이 계시는 곳'(foundation of shalem)이 된다. 그래서 우리는 하나님을 떠나면 마음이 전쟁터가 되고, 하나님께 돌아와 의지하면 하나님이 내 마음이 평안하도록 지켜 주신다. 고통은 마음을 전쟁터로 만든다. 하나님과의 씨름은 마음을 평화의 터로 만든다.

형통은 하나님이 생활에 주시는 복이고, 평안은 하나님이 마음에 주시는 복이다. 진정한 형통과 평안은 모든 일이 내 뜻대로 되어서 오는 것이 아니다. 하나님의 뜻대로, 주께서 인도하시는 데서 온다. 이를 얻기 위해서는 하나님께 내 마음과 생활 전부를 맡겨야 한다. 하나님께 내 전부를 맡기는 과정은 쉽지 않다. 그래서 씨름이 필요하다. 야곱은 모든 결과를 하나님께 맡기는 씨름을 했다. 아니, 하나님과 씨름을 하면서 모든 것을 맡기는 법을 배우게 되었다.

하나님은 야곱에게 어떻게 형통과 평안을 주셨을까? 야곱이 눈을 들어 보니, 에서가 400명의 군사를 거느리고 나타났다(창 33:1). 흙먼지를 일으키고 큰 소리를 내며 야곱 앞까지 달려왔다. 야곱은 다시 긴장했다. 야곱은 두 여종과 그녀들이 낳은 자식들을 맨 앞에 세웠다. 그 뒤로 레아와 그녀가 낳은 자식들이 서게 했다. 가장 사랑하는 라헬과 요셉은 맨 뒤에 서게 했다(창 33:1-2). 그래야 형이 칼을 들어 칠 때 가장 사랑하는 라헬과 요셉을 살릴 가능성이 높아지기 때문이다.

하나님은 에서의 군대를 야곱의 눈앞에서 한순간에 사라지게 하신 것이 아니다. 대신, 문제를 하나씩 풀어 가셨다.

가장 먼저, 형의 마음을 바꾸셨다. 형 에서의 눈에 두려움이 가득 찬 눈으로 다가오는 야곱이 보였다. 야곱은 몸을 일곱 번 땅에 굽히며 인사했다(창 33:3). 하나님은 20년 동안 가슴에 칼을 품고 야곱을 죽일 날만을 기다렸던 에서의 마음을 한순간에 녹여 주셨다. 에서는 야곱에게 달려가서 야곱을 맞이하여 안고 목을 어긋맞추어 입맞추고 울었다(창 33:4). 하나님은 에서가 야곱이 준 선물도 기쁘게 받게 만드셨다. 흡족하게 여기도록 만드셨다(창 33:8-11). 하나님은 함께 거주하자는 부탁을 야곱이 거절해도 에서가 한 치의 서운한 마음이 들지 않도록 넓은 마음을 갖도록 역사하셨다(창 33:12-15). 그리고 에서의 칼에서 야곱의 가족과 모든 소유를 지켜 주셨다.

이 사건 이후로 야곱은 문제가 생기면 더 이상 사람과 싸우는 것이 아니라 하나님께 부르짖는 자가 되었다.

겨우 하나만 잃었을 뿐,
사명이 끝나지 않으면

하나님이여 내가 늙어 백발이 될 때에도 나를 버리지 마시며
내가 주의 힘을 후대에 전하고
주의 능력을 장래의 모든 사람에게 전하기까지
나를 버리지 마소서(시 71:18).

하나님과의 씨름을 통해 하나님께 모든 것을 맡기자. 그러면 우리도 진정한 형통과 평안의 복을 얻을 수 있다. 고난 중에 임하는 하나님의 형통과 평안의 축복은 나에게도 주어졌다. 매일 하나님과 씨름하면서, 돈은 잃었지만 아직 많은 것을 하나님이 지키고 계심을 알게 되었다. 나는 겨우 돈만 잃었을 뿐이었다. "겨우 돈만 잃었다니요? 돈을 잃은 것이 얼마나 큰데요"라고 말한다면 당신은 하나님을 아직 잘 모르는 것이다. "겨우 건강만 잃었다니요? 겨우 직장만 잃었다니요? 그것을 잃은 것이 얼마나 큰데요"라고 말한다면 당신은 하나님을 아직 잘 모르는 것이다. 하나님을 서운하게 해드리는 말이다.

하나님은 나에게서 돈은 되찾아 가셨지만 지혜와 통찰력은 유지되도록 은혜를 공급해 주셨다. 명성도 땅에 떨어뜨리지 않으셨

다. 아이들이 다니던 대학을 휴학하고 돈을 벌어야 했지만 하나님은 우리 가족의 건강을 눈동자와 같이 지키셨다. 무엇보다 우리 가족의 생각과 마음을 지키셨다. 서로 사랑하고 위기를 힘을 모아 극복하고자 하는 아름다운 마음을 대신 주셨다. 가족의 평안을 지켜 주셨다.

나 스스로도 매일 하나님과 씨름을 반복하면서 마음이 편해졌다. 모든 잡다한 생각이 사라졌다. 하루 종일 주를 기다리면 염려가 없어졌다. 마음의 전쟁이 그쳤다. "주께서 나를 버리셨는가? 더 이상 은혜를 베풀지 않으실까?" 하는 연약함도 사라졌다(시 77:7). "내 길은 여호와 하나님도 모르실까? 내 호소는 하나님의 귀에 들리지 않는가?" 하는 부정적 마음도 사라졌다(사 40:27).

세상과 사람에 대한 두려움도 사라졌다. 사람에게 잘 보이려고 애쓰는 것이 부질없는 행동이라는 것을 깨달았다. 사람을 무시해서가 아니다. 그 어떤 사람보다 하나님이 더 크시다는 것을 깨달았기 때문이다. 내 모든 문제와 고난은 사람과 씨름해서 될 일이 아니고 하나님과 씨름해야만 해결된다는 것을 배웠기 때문이다.

하나님은 세상 땅끝까지 모든 것을 창조하신 분이고, 권세가 크고 능력이 강하시고, 피곤하지 않으시고 곤비하지 않으시고, 명철이 한이 없으시다(사 40:26-28). 그런 하나님은 내가 피곤해서 "이제 그만 쉬고 싶다" 하며 주저앉을 때 능력을 주신다. 무능력함을 발견하고 절망에 빠질 때 힘을 더하신다. 하나님과 씨름할 때 우리는 비로소 진정한 새 힘을 얻게 된다.

> 오직 여호와를 앙망하는 자는 새 힘을 얻으리니
> 독수리가 날개 치며 올라감 같을 것이요
> 달음박질하여도 곤비하지 아니하겠고
> 걸어가도 피곤하지 아니하리로다(사 40:31).

마음에 평안이 임하자 형통은 자연스럽게 뒤따라왔다. 형통은 결국은 좋은 상태가 되는 것, 어떤 상황에서도 좋게 결론이 나는 것, 내 안에서 하나님의 뜻이 성취되는 것, 종국에는 승리를 얻게 하는 것을 뜻한다 했다. 내 통장에 지금 당장 돈이 있고 없음은 큰 문제가 아니다. 돈이 내 통장에 있으나 하나님의 통장에 있으나 큰 차이가 없다. 진정한 형통은 내가 이 고난을 견디고, 무너지지 않고, 죽지 않고, 결국에는 승리하는 축복이다. 이것이 진정한 형통의 의미다.

요셉은 비록 감옥에 있었지만 하나님은 요셉이 그 안에서 평안하고 형통하게 하셨다. 그리고 종국에는 감옥에서 나와 전 세계 최고 강대국 애굽을 다스리는 총리대신이 되는 승리를 얻게 하셨다. 바울은 죄수의 몸으로 끌려가고 태풍을 만나 배가 난파되는 고난을 겪었다. 하지만 바울의 마음에서 하나님의 평안이 한순간도 떠나지 않았다. 하나님은 바울에게 로마 황제 가이사 앞에 서서 복음을 전하는 사명을 완수하기까지는 '죽지 않을 것'을 약속하셨다. 이 고난에서도 벗어날 수 있다고 약속하셨다. 종국에는 승리할 것이라 약속하셨다(행 27:23-26).

> 바울아 두려워하지 말라 네가 가이사 앞에 서야 하겠고
> 또 하나님께서 너와 함께 항해하는 자를
> 다 네게 주셨다 하였으니(행 27:24).

하나님과 씨름하면서, 나도 내 사명이 끝나기 전에는 '죽지 않을 것'이라는 하나님의 약속의 말씀이 기억나고, 깨달아지고, 믿어지고, 그 약속에 감동되었다. 사망의 음침한 골짜기로 다닐지라도 주의 막대기와 지팡이가 나를 지킬 것이라는 확신이 들었다(시 23:4). "사람이 감당할 시험밖에는 너희가 당한 것이 없나니 오직 하나님은 미쁘사 너희가 감당하지 못할 시험당함을 허락하지 아니하시고 시험당할 즈음에 또한 피할 길을 내사 너희로 능히 감당하게 하시느니라"(고전 10:13)라는 말씀을 읽고 '이 또한 지나가리라. 하나님이 이번에도 피할 길을 주실 것이다'라는 확신이 들었다. 우리는 이것을 "하나님이 내게 말씀하셨다"라고 말한다.

형통은 하나님과 계약의 대상인 이스라엘이 언약을 지킬 때 모든 일에서 얻을 수 있고(신 29:9) 어디로 가든지 얻을 수 있는 약속된 축복이다(수 1:7). 당신이 어떤 사람이든, 어디에 있든, 어떤 고난에 빠졌든 상관없이 하나님과 씨름을 시작하라. 하나님과 씨름을 하는 사람은 그 누구든 예외 없이 형통과 평안의 축복을 얻는다. 가뭄이 들고 흉년이 들이닥쳐도 소는 밭을 가는 자기 일에만 충성하면 된다. 가뭄과 흉년 중에 소를 먹이는 걱정은 주인의 몫이다. 소는 내가 오늘 밭을 갈고 난 후에 무엇을 어떻게 먹을지를 걱정할 필요가 없다. 우리는 주인의 집의 살림을 맡아서 관리하는 청지기다. 하나님의 계획을 충성스럽게 수행하기만 하면 되는 청지기다. 비어 가는 창고를 채우는 것은 주인의 몫이다. 청지기는 관리자로서 충성만 하면 된다.

모든 것이 하나님과 씨름이라 해서 내게 맡겨진 인생을 게으르거나 아무렇게나 살아도 된다고 생각하면 안 된다. 세월을 아껴 더 부지런하고 충성해야 한다. 사람에게 충성하지 말고 하나님께 충성해야 한다. 우리가 당하는 고난이 감당할 수 없이 커도 하나님과 씨름하며 사명을 묵묵히 지키고, 멈추지 말고 소처럼 한 발 한 발 앞으로 나가자. 우리에게는 내게 주신 사명이 끝나기 전에는 절대로 '죽지 않는다'는 약속이 있다.

고난의 시간이 끝나는 것은 하나님의 계획과 하나님의 정해진 시간에 달려 있다. 요셉은 감옥에 오래 머물렀다. 바울도 죄수의 몸으로 오래 살았다. 요셉이 감옥에 계속 있어야 하는 것은 하나님의 계획에서 중요했다. 바울이 죄수의 신분으로 로마로 끌려가는 것은 하나님의 계획에서 중요했다. 우리가 당하는 고난의 시간도 하나님의 계획에서 중요하다. 하나님의 형통과 평안의 약속을 받아도 고난의 상태가 일정 기간 지속될 수 있다. 대신, 하나님은 그 고난 속에서도 마음의 평안과 생활의 형통을 주신다. 그리고 '하나님의 때'가 되면 그 고난을 끝내시고 하나님이 계획해 두신 승리를 얻게 하신다.

이 묵시는 정한 때가 있나니 그 종말이 속히 이르겠고
결코 거짓되지 아니하리라 비록 더딜지라도 기다리라
지체되지 않고 반드시 응하리라(합 2:3).

하나님은 자신의 모든 계획에는 '정한 때'가 있다고 말씀하신다. 비록 우리에게는 그때가 더디게 느껴질지라도 기다리라고 말씀하신다. 하나님이 정하신 때가 되면 지체되지 않고 '반드시 이루어진다'고 약속하셨다.

하나님은 우리를 잠시 훈련소로 보내신 것이다. 고난이라는 교육과 성장 프로그램에 보내신 것이다. 고난이 깊은가? 하나님이 과거와 다르게 나를 쓰신다는 신호다. 고난의 시간이 길다 생각되는가? 어제보다 더 강하게 만드셔서 큰일을 맡기실 것이라는 신호다. 하나님은 바울에게 이전과는 다른 사역, 과거보다 큰 사역을 맡기시기 전에 3년간 광야로 보내 훈련을 시키셨다. 예수님도 공생애를 시작하시기 전에 40일간 광야로 나가셨다.

나를 향한 하나님의 최종 청사진이 무엇이기에 하나님은 나로 미래학을 시작하게 하시고, 또 유명해지게 하셨다가, 파산 위기도 세 번이나 경험하게 하신 것일까? 아직 그 의미를 다 알 수는 없다. 하지만 내가 고난을 당하면서 느낀 것은, 하나님은 내가 어려운 현실을 살아가는 사람들을 위로하는 역할을 하기 바라신다는 것이다. 고난당하는 사람은 고난받은 사람만 치유할 수 있기 때문이다.

앞서 이야기했듯이, 미국으로 가면서 나는 하나님께 새로운 사역을 준비하고 돌아올 테니 도와 달라고 기도드렸다. 그 기도는 야곱이 벧엘에서 드린 기도와 같다. 야곱은 이후 하나님과 했던 약속을 잊고 있다가 딸 디나가 어려운 일을 당하면서 떠올리고는 다시 벧엘로 돌아가 단을 쌓았다(창 35:1-15). 하나님이 나에게 야곱이 드렸던 그 기도를 생각나게 하시면서, 동시에 나의 기도 역시 떠올리게 하신 것이다. 하나님은 나에게 고난을 통해 새로운 사명을 주셨고, 드디어 나도 깨달았다.

PART. 2

고난이 더 짙어지기 전에

고난을 통과하고 있는 이들을 위한 제안
고난 속에서 끝까지 기다린다는 것의 의미

Reflections on Suffering; A Futurist's Perspective

CHAPTER / 03

고난을 통과하고 있는
이들을 위한 제안

나를 보면 작아지고,
하나님을 보면 커진다

그런즉 누구든지 그리스도 안에 있으면 새로운 피조물이라 이전 것은 지나갔으니 보라 새것이 되었도다(고후 5:17).

우리의 인생에서 고난은 반복된다. 아담의 범죄로 이 땅이 저주를 받았다(창 3:17). 평생에 수고하여야 그 소산을 먹는다. 흙으로 돌아갈 때까지 얼굴에 땀을 흘려야 먹을 것을 먹는다(창 3:19). 땅은 가시덤불과 엉겅퀴를 낸다(창 3:18). 밀을 심어도 가시를 거두며 수고하여도 소득이 없다(렘 12:13). 내 밭의 포도나무 열매가 기한 전에 떨어진다. 추수할 곡식에 쭉정이가 가득 찬다. 팥중이가 남긴 것을 메뚜기가 먹고, 메뚜기가 남긴 것을 느치가 먹고, 느치가 남긴 것을 황충이 먹어 버린다(욜 1:4). 내가 파종한 것을 내 대적이 먹어 치운다(레 26:16).

임신과 해산에는 고통이 따르고(창 3:16) 자식을 기름에도 고통이 따른다. 사람이 사람의 지배와 다스림을 받아야 한다(창 3:16). 평생 질병의 위험과 싸워야 하고 원수와 대적이 생겨난다. 민족이 민족을, 나라가 나라를 대적하여 일어나고 곳곳에 기근과 지진, 전염병 같은 재난이 반복된다(막 13:8).

우리의 인생은 깨지기 쉬운 질그릇과 같다. 보잘것없다. 내 육신에 선한 것은 거하지 않고 원함은 내게 있으나 선을 행하는 것은 없다. 내가 원하는 바 선은 행하지 아니하고 도리어 원하지 아니하는 바 악을 행하기 바쁘다(롬 7:18-19). 내 인생은 비틀거리고 넘어지기 쉽고 근심이 끊이지 않아 항상 애통해한다(시 38:17). 길을 잃은 어린양같이 수도 없이 방황한다(시 119:176). 수많은 재앙이 나를 둘러싸고 나의 죄악이 나를 덮치므로 우러러볼 수도 없으며 죄가 나의 머리털보다 많아 낙심에 빠진다(시 40:12). 강한 것 같지만 한없이 약하다. 지식과 지혜가 많은 것 같지만 어리석기 그지없다.

그러니 나를 보지 말라. 나를 보면 작아지고 하나님을 보면 커진다. 나를 의지하지 말라(사 2:22). 스스로 지혜롭다 생각하지 말라(잠 3:5-7). 나의 힘과 사람을 의지하면 넘어지고 하나님을 보면 일어선다(렘 17:5). 내 능력은 내게 있지 않고 하나님께 있다. 비록 나는 보잘것없고 깨지기 쉬운 질그릇이지만 예수님이라는 보배를 담으면 심히 큰 하나님의 능력이 나와 함께한다(고후 4:7).

우리는 사방으로 욱여쌈을 당하여도 싸이지 아니하며, 답답한 일을 당하여도 낙심하지 아니하며, 박해를 받아도 버린 바 되지 아니하며, 거꾸러뜨림을 당하여도 망하지 아니한다(고후 4:8-9). 하나님이 내 오른쪽에서 나의 그늘이 되시면 낮의 해와 밤의 달도 나를 해치지 못한다(시 121:5-6). 하나님이 나를 지키시면 내 인생에서 반복되는 모든 환난, 모든 고난에서 내 영혼이 안전하다(시 121:7). 내가 주께 내 인생을 의지하면 내가 어디를 가도 하나님이 앞뒤에서 나를 에워싸 주시고 나의 출입을 영원히 지키신다(시 121:8, 139:5).

내가 하나님의 목소리를 잘 청종하고 하나님의 말씀에 의지하여 살면 하나님이 내 원수를 친히 갚으시고 내 대적을 친히 대적해 주신다(출 23:22). 여호와께서 나를 대적하기 위해 일어난 적군들을 내 앞에서 패하게 하시고, 그들이 한 길로 나를 치러 들어왔으나 내 앞에서 일곱 길로 도망하게 하신다(신 28:7). 이 땅의 모든 사람이 여호와의 이름이 나를 위하여 불리는 것을 보고 나를 두려워하게 만들어 주신다(신 28:10).

하나님 여호와의 말씀을 들어 순종하고 하나님의 계명에 귀를 기울이고 삶의 기준으로 삼아 지키면 모든 질병에서 건지시는 치료하는 여호와께서 평생을 함께하신다(출 15:26). 하나님이 내 마음과 생각을 지키신다(빌 4:7). 여호와를 경외하며 그의 계명을 크게 즐거워하면 내 후손이 땅에서 강성하게 된다(시 112:1-2). 하나님이 복을 주사 내 몸의 자녀와 가축의 새끼와 토지의 소산을 많게 하신다(신 28:11). 하나님이 내가 수고하지 아니한 땅과 내가 건설하지 아니한 성읍들도 얻게 하시고, 내가 심지 아니한 포도원과 감람원의 열매를 먹게 하신다(수 24:13).

만군의 여호와께서 나를 위하여 메뚜기를 금하여 나의 토지 소산을 먹어 없애지 못하게 하시며, 나의 밭의 포도나무 열매가 기한 전에 떨어지지 않게 하시고, 나의 땅을 아름다워지게 만드셔서 모든 이방인이 내가 축복받았다고 말하게 해주신다(말 3:11-12). 성읍에서도 복을 받고 들에서도 복을 받을 것이며, 내 몸의 자녀와 내 토지의 소산과 내 짐승의 새끼와 소와 양의 새끼가 복을 받을 것이며, 내 광주리와 떡 반죽 그릇이 복을 받을 것이며, 내가 들어와도 복을 받고 나가도 복을 받게 해주신다(신 28:3-6). 여호와께서 명령하사 내 창고와 내 손으로 하는 모든 일에 복을 내리시고 내 하나님 여호와께서 내게 주시는 땅에서 내가 영원히 복을 받게 하신다(신 28:8).

내가 하나님의 말씀을 붙잡고 굳게 서서 좌로나 우로나 흔들리지 아니하면 여호와께서 나를 위하여 하늘의 아름다운 보고를 여시사 내 땅에 때를 따라 비를 내리시고, 내 손으로 하는 모든 일에 복을 주시고, 내가 많은 민족에게 꾸어줄지라도 나는 꾸지 아니하게 만드신다(신 28:12). 여호와께서 나를 머리가 되고 꼬리가 되지 않게 하시며 위에만 있고 아래에 있지 않게 하신다(신 28:13). 하나님 여호와께서 나를 세계 모든 민족 위에 뛰어나게 하실 것이다(신 28:1).

그러니 고난이 평생 반복된다 해도 절대로 두려워하지 말라. 강하고 담대하라. 세상과 사람 앞에서 떨지 말라(신 31:6). 주는 나를 돕는 이시니 사람을 무서워하지 말라(히 13:6). 고난과 위기 앞에서 떨지 말라. 평생 주님과 함께 고난을 헤쳐 나가는 것은 이 땅을 사는 모든 자에게 주어진 숙명이다. 하지만 나의 하나님 여호와께서 나와 평생 함께 가시며 모든 고난에서 결코 나를 떠나지 아니하시며 버리지 아니하신다(신 31:6). 내가 어디로 가든지 어느 곳에 있든지 내 하나님 여호와께서 함께하신다(수 1:9). 내게 허락하신 사명을 이루기까지 하나님의 불 기둥과 구름 기둥이 함께한다(창 28:15; 출 13:22).

제안 1

고난 가운데 있을수록 말씀을 읽어야 한다

　반복되는 고난의 시대를 헤쳐 나가기 위해, 지금 당한 고난 속에서 고난을 헤쳐 나가는 기술을 익혀야 한다. 훈련의 목적은 같은 상황을 반복해서 위기를 헤쳐 나가는 행동이 본능적으로 나오도록 하는 것이다. 우리도 고난의 훈련을 통해 위기를 헤쳐 나가는 행동이 본능에 새겨지도록 해야 한다. 반복되는 고난을 만날 때 매번 무엇을 해야 하는지 몰라 허둥대지 않도록 해야 한다.

　고난을 당하면 본능적으로 해야 할 첫 번째 행동은 '말씀을 읽는 것'이다. 성경 말씀은 단순한 문자나 언어 그 이상이다. 구원에 이르는 믿음은 들음에서 나며 들음은 그리스도의 말씀으로 말미암는다(롬 10:17; 딤후 3:15). 고난을 헤쳐 나가는 믿음도 그리스도의 말씀을 들음에서 난다(롬 10:17). 말씀은 고난 중에서 나를 위로하고 고난에서 나를 살린다(시 119:50). 다윗은 하나님을 찬송하듯 말씀을 찬송(praise)하라고 했다(시 56:10). 하나님을 높여 노래하듯 말씀을 높여 노래하라는 말이다. 태초에 말씀이 계셨고, 이 말씀이 하나님과 함께 계셨으니 이 말씀은 곧 하나님이시기 때문이다(요 1:1). 말씀이 곧 예수 그리스도이시기 때문이다. 말씀을 읽는다는 것은 하나님을 간절히 찾는 의지의 표현이고(암 5:4) 하나님을 간절히 찾으면 하나님을 만나고 산다(잠 8:17; 암 5:4).

말씀을 읽는다는 것은 하나님과 씨름한다는 상징이다. 내가 하나님의 말씀을 펼쳐서 읽고 이해하고 실천하려고 씨름할 때 하나님의 말씀은 나를 교훈하고, 책망하고, 바르게 하고, 의로 교육하면서 나로 하여금 서서히 하나님의 사람으로 온전하게 하고 모든 선한 일을 행할 능력을 갖추게 한다(딤후 3:16-17).

하나님의 말씀은 '순전'(純全)해서(잠 30:5) 내가 말씀을 읽을 때마다 나를 순수하고 온전하게 만들어 준다. 모든 거짓 행위를 미워하게 해준다(시 119:104). 하나님의 말씀은 '진리'이기 때문에(고후 6:7) 내가 말씀을 읽을 때마다 나로 하여금 진리를 깨우치게 한다. 하나님의 말씀은 내 발에 등이요 내 길에 빛이 되어 나를 인도한다(시 119:105). 하나님은 말씀으로 하늘과 땅을 지으셨고(시 33:6), 하나님의 말씀은 살아 있고 활동적이며 어떤 양날의 검보다 날카로워서 내 혼과 영과 및 관절과 골수를 찔러 가른다(히 4:12). 그래서 내가 말씀을 읽을 때마다 나를 새롭게 창조한다.

내가 잘나가고 교만할 때 읽는 말씀은 내 입에 넣고 삼키기에 딱딱하고 거친 음식이지만 고난 중에 읽는 말씀은 내 입에 꿀보다 더 달다(시 119:103). 신병 훈련이나 유격 훈련 중에 먹은 커피 한 잔이나 컵라면 한 그릇의 맛을 평생 잊을 수 없듯이, 고난 중에 주시는 하나님의 은혜는 이루 다 말할 수 없이 달고 감동적이다.

제안 2
역사를 통찰하자

고난을 당하면 본능적으로 나의 삶 속에서 '하나님이 하신 일'을 돌아보아야 한다. 나의 인생 가운데서 하나님이 하신 일들을 기억해 내야 한다. 내가 고난을 당하고 있어도, 내가 여기까지 온 것도 하나님의 은혜임을 깨달을 수 있다. 성도는 앞을 바라볼 때 소망과 비전을 본다. 뒤를 바라볼 때 성도는 은혜를 깨닫는다.

고난을 당하면 본능적으로 인간의 역사 속에서 '하나님이 하신 일'을 다시 더듬어 보아야 한다. 인간의 역사 한가운데 서 계신 하나님을 똑똑히 봐야 한다.

사탄은 우리를 끊임없이 충동하고 속인다. 내가 하나님과 같이 될 수 있다고 충동한다(창 3:5). 하나님이 은혜로 주신 것들을 내가 이루었다고 하면서 교만한 마음을 먹도록 충동한다(대상 21:1). 주님을 버리고 우상을 숭배하고 악을 저지르도록 충동한다(왕상 21:25; 막 15:11). 하나님의 말씀보다 자신의 유혹과 세상의 법을 따르면 천하 만국과 영광을 얻을 수 있다고 충동한다(마 4:8-9). 권력에 눈이 멀어 다투고 전쟁을 하도록 충동한다(렘 50:41). 하나님은 없다고 속인다. 하나님은 전능하시지 않다고 속인다. 하나님도 못하시는 것이 있다고 속인다. 하나님이 나를 버리셨다고 속인다. 이 세상의 주인은 인간이고 너 자신이라고 속인다. 이런 속임과 충동은 고난에 빠지면 더욱 거세진다.

그래서 고난을 당하면 본능적으로 역사 속에서 '하나님이 하신 일'을 다시 더듬어 보아야 한다. 눈에 보이는 인간은 역사라는 거대한 무대 위에서 연기하는 배우일 뿐이고, 인간 역사를 계획하고 쓰는 작가이자 연출하고 주관하는 감독은 눈에 보이지 않으시는 하나님이심을 반복해서 확인해야 한다. 성경으로 인간의 역사를 조명하여 읽으면서 인간의 역사 한가운데 서 계신 하나님을 똑똑히 보자(BOOK in BOOK 1을 참고하라).

인간이 쓴 역사 기록에는 위대한 정복자들이 일어나 수많은 제국을 세웠다고 쓰여 있다. 성경은 그들을 세우시고 허무신 분이 하나님이시라고 증언한다. 인간 역사의 주인은 과거에도, 지금도, 미래에도 사람이 아니라 하나님이시다. 고난에 처할 때 이 사실을 떠올리면 나의 문제는 사람이나 세상과의 씨름이 아니라 하나님과의 씨름으로만 해결할 수 있다는 것을 확신할 수 있다. 세상이 크게 요동쳐도 하나님의 날개 아래 있으면 안전하다는 것을 확신할 수 있다. 그래서 고난을 견디고 버티고 이기는 힘을 얻을 수 있다.

예를 들어 보자. 바벨론 포로기는 이스라엘 민족에게 최대 고통과 고난을 준 사건 중 하나로 기록된 역사다. 성경에서 유다의 멸망과 바벨론 포로기를 예언한 선지자들이 있다. 하박국, 이사야, 에스겔, 예레미야다.

하박국 선지자는 바벨론(갈대아)의 상승을 예언했다. 하박국서는 하나님이 하박국 선지자에게 살아생전에 믿을 수 없는 한 가지 일을 행할 것이라고 말씀하시는 것으로 시작한다(합 1:5). 하나님은 자신이 친히 갈대아 사람(바벨론 제국)을 일으킬 것이고, 그들은 칼과 마병으로 나라들을 무너뜨리고 강포를 행하고 바람같이 몰아 성들을 점령할 것이라고 예언하셨다.

> 보라 내가 사납고 성급한 백성 곧 땅이 넓은 곳으로 다니며
> 자기의 소유가 아닌 거처들을 점령하는
> 갈대아 사람을 일으켰나니 그들은 두렵고 무서우며
> 당당함과 위엄이 자기들에게서 나오며
> 그들의 군마는 표범보다 빠르고 저녁 이리보다 사나우며
> 그들의 마병은 먼 곳에서부터 빨리 달려오는 마병이라
> 마치 먹이를 움키려 하는 독수리의 날음과 같으니라
> 그들은 다 강포를 행하러 오는데 앞을 향하여 나아가며
> 사람을 사로잡아 모으기를 모래같이 많이 할 것이요
> 왕들을 멸시하며 방백을 조소하며
> 모든 견고한 성들을 비웃고

> 흉벽을 쌓아 그것을 점령할 것이라
> 그들은 자기들의 힘을 자기들의 신으로 삼는 자들이라
> 이에 바람같이 급히 몰아 지나치게 행하여 범죄하리라
> (합 1:6–11).

이사야 선지자는 히스기야왕에게 하나님의 정하신 날이 이르면 그의 집에 있는 모든 소유와 그의 조상들이 오늘까지 쌓아 둔 것이 모두 바벨론으로 옮긴 바 되고 남을 것이 없을 것이고, 그에게서 태어날 자손 중에서 몇이 사로잡혀 바벨론 왕궁의 환관이 되리라고 예언했다(사 39:6–7).

에스겔은 유다의 마지막 왕 시드기야 시절과 바벨론 포로 시절의 선지자다. 에스겔도 유다와 예루살렘과 시드기야를 향해 예언했다(겔 12:10–16).

> 무리가 성벽을 뚫고 행장을 그리로 가지고 나가고
> 그중에 왕은 어두울 때에 어깨에 행장을 메고 나가며
> 눈으로 땅을 보지 아니하려고 자기 얼굴을 가리리라 하라
> 내가 또 내 그물을 그의 위에 치고 내 올무에 걸리게 하여
> 그를 끌고 갈대아 땅 바벨론에 이르리니 그가 거기에서
> 죽으려니와 그 땅을 보지 못하리라(겔 12:12–13).

이 말씀은 에스겔이 시드기야가 예루살렘을 떠날 때의 상황을 예언한 것이다. 예언의 말씀대로 시드기야는 바벨론 군대가 예루살렘을 포위했을 때 도망을 시도했다(렘 39:1-10).

유다의 시드기야왕이 유다를 통치한 지 9년 10개월이 되던 때에 바벨론의 느부갓네살왕의 군대가 예루살렘을 에워싸고 공격을 시작했다. 시드기야의 통치 11년 4개월이 되던 달 9일째 날에 예루살렘성은 함락되었다(렘 39:1-2).

유다의 시드기야왕과 모든 군사는 야밤을 틈타 왕의 동산 길을 따라 두 담 샛문을 통하여 성읍을 벗어나서 아라바로 도망쳤다(렘 39:4). 하지만 여리고 평원에서 바벨론 왕의 군대에게 사로잡혔다(렘 39:5). 바벨론 왕 느부갓네살은 립나에서 시드기야의 눈앞에서 그의 아들들을 죽였고, 유다의 모든 귀족을 죽였으며, 시드기야의 눈을 빼게 하고 사슬로 결박하여 바벨론으로 끌고 갔다(렘 39:6-7). 에스겔 선지자는 주전 591년에 애굽이 느부갓네살의 침략을 받을 것임을 예언하고 에스겔서의 기록을 완료했다.

예레미야 선지자도 여호야김 4년(주전 605년)에 바벨론 포로 시대를 예언했다. 이 예언에 중요한 구절이 등장한다. 하나님은 예레미야에게 유다를 멸망시키고 성전을 탈취하고 성벽을 무너뜨리고 왕과 백성을 포로로 잡아간 바벨론의 왕 느부갓네살을 '내 종'이라고 부르셨다. 하나님이 친히 느부갓네살을 사용해서 유다를 진멸했다고 밝히셨다(렘 25:9). 유다를 멸망시키기 위해 하나님이 느부갓네살과 바벨론 제국을 만드셨다는 의미다.

하나님은 이스라엘 백성의 포로 생활은 70년이 될 것이고, 그 기간이 끝나면 바벨론의 왕과 그의 나라와 갈대아인의 땅을 그 죄악으로 말미암아 벌하여 멸망시키고 이스라엘 백성이 고향으로 되돌아오게 할 것이라고 말씀하셨다(렘 25:11-12). 이 모든 역사가 하나님의 계획 가운데 있고 하나님이 직접 하시는 일이라고 말씀하셨다.

고난의 시간이 되면 본능적으로 성경의 조명으로 인류 역사를 다시 되돌아보라. 인간의 역사 가운데서 하나님이 하신 일들을 다시 읽으면 나를 낮추기도, 높이기도 하실 수 있는 분은 하나님 한 분뿐이시고, 나를 낮추시는 것도 하나님의 은혜와 계획이고, 나를 높이시는 것도 하나님의 은혜와 계획이라는 것을 확신하게 된다.

역사는 하나님이 주관하신다. 그분이 나의 고난의 시간도 주관하고 계신다. 내가 당한 고난이 비롯된 경제, 사회, 정치 등 모든 환경도 하나님이 주관하신다. 그러니 하나님을 믿고 견디고 버텨라.

제안 3
모든 것을 아시는 여호와 하나님께 돌아가자

하나님은 내 모든 형편을 아신다(마 6:8). 내 체질을 아신다(시 103:14). 하나님은 나의 모든 길과 내가 눕는 것까지 살펴보시고, 내가 앉고 일어섬을 아시고, 멀리서도 나의 생각을 밝히 아신다(시 139:1-3). 하나님은 높이 계셔도 낮은 자를 굽어살피신다(시 138:6). 지금은 내가 처한 상황과 이유가 이해되지 않아도 하나님은 틀림이 없으시다. 한 치의 오차도 없으시다. 실패가 없으시다. 모든 것을 아시고 모든 것을 보고 계시는 여호와 하나님의 시각으로 내 고난을 다시 보고 해석해야 한다.

이 사실을 깨달았다면 매일 아침마다 여호와 하나님께 달려가야 한다. 고난의 시간이 길어도 하나님께 돌아가는 발걸음을 멈추지 말아야 한다. 하나님께는 천년이 하루 같다(시 90:4). 하나님은 영원부터 영원까지 하나님이시다(시 90:2). 주는 나의 아버지시요 나의 하나님이시요 나의 구원의 바위시다(시 89:26). 하나님은 아버지가 자식을 긍휼히 여김같이 나를 긍휼히 여기신다(시 103:13). 하나님은 내가 당신을 아버지라고 부르게 하시는 분이다(롬 8:15). 하나님은 내가 환난 중에 다닐지라도 나를 살아나게 하시고, 주의 손을 펴사 내 원수들의 분노를 막으시며, 주의 오른손으로 나를 구원하신다(시 138:7). 하나님은 이스라엘 백성을 애굽 땅에서 인도해 내어 그들에게 종 된 것을 면하게 하셨듯이 나를 고난에서 건져 주신다. 내 하나님 여호와께서는 나에게 약속하신 것을 얻게 하시며 내게 선을 행하사 나를 나의 조상들보다 더 번성하게 하실 것이다(신 30:5).

우리는 모두 탕자와 같다. 탕자는 모든 것을 탕진하고 자기 삶의 자리에 큰 흉년이 들어 비로소 궁핍해지자 아버지를 떠올렸다. 탕자는 돼지가 먹는 쥐엄 열매로도 배를 채우지 못하는 상황에 이르자 염치 불고하고 '내가 주려 죽게 되었으니 이제라도 일어나 아버지께로 돌아가자'라고 생각했다(눅 15:17-19).

'모든 것을 잃고 나서 이제야 하나님께 돌아가면 무슨 염치냐?'라는 생각이 들 것이다. 아니다. 우리 아버지께서는 전혀 상관하지 않으신다. 탕자의 아버지는 매일 아들을 기다렸다. 아버지는 돌아온 탕자를 보고 '아직도 거리가 먼데' 측은히 여겨 달려가 목을 안고 입을 맞추었다(눅 15:20). 탕자는 "내가 하늘과 아버지께 죄를 지었사오니 지금부터는 아버지의 아들이라 일컬음을 감당하지 못하겠나이다"(눅 15:21)라는 부끄러운 고백과 함께 회개를 했다. 하지만 아버지는 단 한마디의 책망도 하지 않았다. 오히려 제일 좋은 옷을 내어다가 입히고 손에 가락지를 끼우고 발에 신을 신기게 했다. "살진 송아지를 끌어다가 잡으라 우리가 먹고 즐기자이 내 아들은 죽었다가 다시 살아났으며 내가 잃었다가 다시 얻었노라" 하며 즐거워했다(눅 15:23-24). 아버지 하나님께 돌아가면 하나님은 나의 앞뒤를 둘러싸고 내게 안수하신다(시 139:5).

모든 것을 탕진했는가? 삶의 자리에 큰 흉년이 들어서 궁핍해졌는가? 주려 죽게 되었는가? 돼지가 먹는 쥐엄 열매로 배를 채워야 하는 부끄럽고 수치스런 상황에 빠졌는가? 나를 간절히 기다리시는 아버지를 떠올리자. 모든 것을 아시고 나를 애타게 기다리시는 하나님께 돌아가자. 내가 부를 때에는 응답하시는 여호와, 내가 부르짖을 때에는 내가 여기 있다 하시는 아버지께 돌아가자(사 58:9). 이것이 고난을 헤쳐 나가는 기술이다.

제안 4
고난을 당하면 쉴 곳을 찾으라

고난을 헤쳐 나가는 또 다른 기술은 '쉬는 것'이다. 나는 고난을 당하면 "이제 그만 쉬세요"라고 조언한다. '내가 쉬어도 될까?'라는 생각이 드는가? 믿음이 없으면 쉬지 못한다. 하나님이 나를 낮추시면 내가 무엇을 해도 소용없다. 그러니 발버둥 치는 것을 멈춰라. 모든 것을 내려놓고 쉬라. 하나님께 돌아가면 피곤한 자가 쉼을 얻는다(욥 3:17). 하나님이 나를 대신해서 예수님이 모두 지고 가도록 하신다. 예수님도 기쁘게 말씀하셨다.

> 수고하고 무거운 짐 진 자들아 다 내게로 오라
> 내가 너희를 쉬게 하리라(마 11:28).

쉼의 기초는 예수 그리스도의 구원이다.

> 그는 실로 우리의 질고를 지고 우리의 슬픔을 당하였거늘
> 우리는 생각하기를 그는 징벌을 받아 하나님께 맞으며
> 고난을 당한다 하였노라 그가 찔림은 우리의 허물 때문이요
> 그가 상함은 우리의 죄악 때문이라
> 그가 징계를 받음으로 우리는 평화를 누리고
> 그가 채찍에 맞음으로 우리는 나음을 받았도다
> 우리는 다 양 같아서 그릇 행하여 각기 제 길로 갔거늘
> 여호와께서는 우리 모두의 죄악을
> 그에게 담당시키셨도다(사 53:4-6).

예수님은 우리의 죗값을 치르기 위해서 십자가에서 죽으셨다. 그러나 예수님의 십자가 죽음은 우리의 질병(질고, grief)과 슬픔, 허

물(transgression), 못된 길에 빠짐(그릇 행함)까지도 담당했다. 예수님을 마음에 믿으면 나의 죄, 질병, 슬픔, 허물, 못된 길에 빠짐 등 모든 짐이 예수님께 온전히 전가되고, 예수님이 십자가에서 이루신 의가 내 몸에 지워진다. 그래서 의로워지고 깨끗해지고 자유로워진다.

하지만 우리는 이미 안전한 곳에 있고 쉼을 보장받았지만 '제대로 쉬는 법'을 모른다. 쉬려면 움켜쥔 내 손을 펴야 한다. 손을 움켜쥐면 쥘수록 힘이 들어간다. 주먹을 꽉 쥐면 혈압이 상승하고 긴장감이 높아진다. 손을 펴면 혈압이 내려가고 긴장감이 풀리고 마음이 편해진다. 이 땅에서 우리의 모든 염려, 걱정, 마음의 고통은 아등바등 움켜쥐고 놓지 않으려 할 때 생긴다. 내려놓으면, 하나님께 맡기면 편해진다. 우리는 돈이나 명예, 권력만 움켜쥐려고 하지 않는다. 모든 문제와 상황 관리도 내 손에 움켜쥐려고 한다.

고난의 시간, 주님은 나를 안아 주시면서 "이제 그만 움켜쥔 네 주먹을 펴라"고 하셨다. "네 어깨에 짊어진 무거운 짐을 내려놓으라"고 하셨다. "네 모든 문제를 하나님께 맡기고 자유하라"고 웃으면서 말씀하셨다.

주님의 십자가는 죽은 후의 '영생'에만 효력이 있는 것이 아니다. 이 땅에서 나의 모든 시간, 장소, 생활과 행동에 효력이 있다. 심지어 내가 당하는 고난의 훈련(시험)도 하나님께 맡기고 내려놓으라. 그러면 우리는 예수 그리스도의 십자가에 속한 자이기에 주님이 '피할 길'을 주시고 '능히 감당하게'(능히 견디게)도 해주신다(고전 10:13). 하나님이 나를 어디까지 힘들게 하실지를 정하셨듯이, 이 고난을 언제 끝내고 나를 언제 꺼내 주실지도 하나님이 정하신다. 단, 하나님이 나를 쓰셔야 하기에 이 고난은 평생 가지 않는다.

그래서 나는 이 고난이 언제 끝날 것인가에 대한 질문까지 내려놓았다. 이 고난을 내가 어떻게 감당할 것인가에 대한 고민도 내려놓았다. 그러자 마음이 고요해지고 참된 쉼이 찾아왔다. "한 날의 괴로움은 그날로 족하니라"(마 6:34)라는 말씀처럼 하루의 일에만 집중할 수 있었다. 내가 잠을 자도 하나님은 일하신다는 것을 믿으니 그때부터 편안한 잠을 잘 수 있었다. "내가 평안히 눕고 자기도 하리니 나를 안전히 살게 하시는 이는 오직 여호와이시니이다"(시 4:8)라는 다윗의 고백은 허언이 아니다.

고난을 당하고 있는가? 그 고난조차도 하나님께 맡기라. 그러면 하나님이 나의 고난의 짐도 대신 지시고, 나와 함께 고난의 강을 건너시면서, 나에게는 견디는 힘까지 주신다.

그래서 '내려놓음'은 '포기'와 다르다. 내려놓음은 하나님께 전적으로 의탁하는 것이다. 모든 것을 다 아시는 주님께 맡기니 쉴 수 있다. 못하실 일이 없으신 주님께 맡기니 쉴 수 있다. 내려놓음은 '무소유'와 다르다. 다 버리고 무일푼으로 사는 것과 다르다. 성경이 말하는 '재물을 내려놓음' 혹은 '청빈'은 내 모든 것이 하나님이 주신 것임을 고백하는 것이다. 내 것이 아니라고 고백하는 것이다. 내가 이 땅에서 잠시 맡아서 관리하는 책임과 권한을 받은 것이라고 고백하는 것이다. 내일이 걱정되어 창고에 재물을 쌓는 데만 몰두하지 않고, 매일 주신 것을 잘 관리하고 모든 것을 주를 위해 사용한다는 의미다.

내려놓음은 실리를 좇지 않고 하나님의 뜻을 좇는다는 의미도 갖는다. 바둑에서 집을 '실리'라고 표현한다. 실리는 언제나 함정을 내포하고 있다. 바둑에서는 실리를 탐하면 돌들의 세력이 엷어지고, 엷어지면 반드시 사고가 난다. 이리저리 쫓기며 전전긍긍하고 매 수마다 고심을 거듭해야 한다. 결국 어디선가 일이 터진다. 좋은 바둑, 승리하는 바둑을 두려면 '두터움'을 잃어버리면 안 된다.

성도도 실리만 좇으면 언젠가 사고가 터진다. 신앙과 믿음이라는 두터움이 필요하다. 고난은 실리를 좇는 얕음을 버리고 신앙이라는 두터움을 유지하게 만든다. 바둑에서 돌 하나가 홀로 떨어져 있으면 '약한 돌'이라고 말한다. 하지만 돌이 하나뿐이라도 주위에 강한 세력을 형성한 돌들이 든든하게 버티고 있으면 그

돌은 절대로 약한 돌이라고 말하지 않는다. 강한 돌이다. 우리도 약하지만 나를 내려놓으면, 내 오른편에서 강한 바위와 산성으로 단단하게 서 계시는 하나님께 의탁하면 저절로 강해진다.

'쉼'은 '노는 것'과 다르다. '쉼'은 아무것도 하지 않음이 아니다. 하나님이 주신 일에 충성하되, 세상의 승리를 탐하지 않는 것이다. 나의 영광을 탐하지 않는 것이다. '결과'라는 짐을 내려놓는 것이다. 불필요한 염려를 쉬고 하나님이 오늘 내게 맡기신 일에 충성하는 것에만 집중하는 것이다. 내 마음과 생각의 번잡함을 버리고 내 생각이 깨끗해지는 것이다. 내 삶이 '오늘의 충성' 하나로 단순해지는 것이다. 그러면 하나님이 나를 붙드시고 요동함을 영원히 허락하지 아니하신다(시 55:22).

바둑에 '위기 10결'이란 말이 있다. 문자 그대로, '바둑을 잘 두는 10가지 비결'이다. 중국 당나라 현종 때 최고의 바둑 고수였던 왕적신이 널리 주장한 바둑 격언으로 1300년의 역사를 가진다. 비결의 첫 번째로 등장하는 격언이 '부득탐승'(不得貪勝)이다. '승리를 탐하면 얻지 못한다'는 의미다. 세상의 승부는 '승리'를 목적으로 한다. 하지만 승리를 얻으려면 승리를 탐하면 안 된다. 승리를 얻으려면 승리를 욕심내는 마음을 내려놓아야 한다. 나는 고난의 시간에 부득탐승의 의미를 깨우쳤다.

고난으로 세상의 승리를 내려놓으면 고난 이후에 더 강해진다.

세상에서 가장 무서운 사람은 모든 것을 내려놓은 사람이다. 욕심 없는 사람이 가장 무서운 법이다. 모든 것을 내려놓은 사람은 고요하고, 은근하고, 유연하고, 태연하고, 조급하지 않고, 두려움이 없기 때문이다. 하물며 성도가 자기 짐을 여호와 앞에 내려놓고 그분의 강한 오른팔을 붙잡으면 어떻게 되겠는가? 그는 영원히 요동치 않게 된다.

고난을 당하면 1단계에서는 두려움과 공포가 극에 달한다. 고난에 대한 충격으로 눈과 마음이 모두 쇠잔해진다. 기력은 쇠하고 생각은 황폐해진다. 2단계에서는 하나님께 절박하게 매달리게 된다. 하나님과 씨름하게 된다. 3단계에서는 고난의 의미를 찾게 된다. 4단계에서는 매일 아침 눈을 뜨면 "오늘도 하나님께 피합니다"라고 고백하는 데 이른다. 5단계에서는 주님 앞에 모든 무거운 마음의 짐과 고통을 내려놓고 마음의 쉼을 얻게 된다. 이 단계에 도달하면 놀라운 일이 벌어진다. 고난이 끝나지 않아도 마음이 평안해진다. 고난을 통해 예수님의 멍에인 온유와 겸손을 메고 배우게 되어 오히려 마음이 쉼을 얻는다. 예수님은 말씀하셨다.

> 나는 마음이 온유하고 겸손하니
> 나의 멍에를 메고 내게 배우라
> 그리하면 너희 마음이 쉼을 얻으리니 (마 11:29).

이 단계에서는 고난에 고난이 더해져도 잠시 흔들릴 뿐이다. 곧바로 하나님 안으로 되돌아온다. 고난에 고난이 더해져도 '하나님께 나를 맡겼으니 달라지는 것은 없다'는 생각에 이른다. 크게 요동하지 않는다. 내 짐을 여호와 하나님께 맡겼으니 그분이 나의 멍에의 빗장을 부수고 나를 바로 서서 걷게 하실 것을 믿기 때문이다(레 26:13). 하나님은 앗수르를 이스라엘 땅에서 파하며 이스라엘 산에서 짓밟으셔서 그의 멍에가 이스라엘에게서 떠나고 그의 짐이 그들의 어깨에서 벗어지게 해주셨다(사 14:25). 하나님은 애굽의 멍에도 꺾으시며 그 교만한 권세가 그치게 해주셨다(겔 30:18). 하나님은 무겁게 멘 내 죄악의 멍에와 나의 어깨의 채찍과 세상과 압제자의 막대기도 꺾어 주신다(사 9:4).

마지막 6단계에서는 예수님의 멍에를 기쁨으로 짊어지게 된다. 예수님은 "내 멍에는 쉽고 내 짐은 가벼움이라"(마 11:30)라고 말씀하셨다. 구원의 하나님은 날마다 나의 어려운 멍에, 무거운 짐은 대신 져 주시고 나에게는 쉽고 가벼운 멍에로 바꿔 주신다(시 68:19; 마 11:30). 성실하신 하나님이 이 일을 날마다 내 안에서 이루신다(시 89:8). 예수 그리스도는 십자가에서 내가 지고 있는 종의 멍에를 대신 지시고 내게는 '진정한 자유'라는 영광의 멍에를 주셨다(갈 5:1). 구원 이후에 주시는 예수님의 멍에는 쉽고 예수님이 주시는 짐도 가벼워서 기쁨으로 멜 수 있다. 반대로, 구원 이후에도 세상의 멍에를 계속 메고 다니면 불법과 어둠에 끌려다녀서 고통스럽다(고후 6:14).

예수님이 주신 멍에는 '범사에 감사함'이다(엡 5:20). '고난의 시간에 이것이면 충분하지 않은가?' 하며 자족하자. 감사하자. 내일을 염려하지 말자. 내게 있어야 할 것을 염려하지 말자. 내게 있어야 할 것이 무엇인지 모두 아시는 하나님을 믿고(마 6:8) 감사하자. 나에게도 4명의 아이들이 있다. 나도 우리 아이들이 살아갈 때 무엇이 필요한지를 늘 고민한다. 아이들에게 네가 무엇을 먹을까, 무엇을 입을까를 생각하지 말고 네가 이 땅에서 어떤 사람으로 살지를 생각하라고 말한다. 육신의 아버지도 이럴진대 하물며 하나님은 어떠하시겠는가.

예수님이 주신 멍에는 '묵묵히 내게 주어진 길, 달려갈 길을 가는 것'이다(딤후 4:7). 이것을 '사명'이라고 부른다(행 20:24). "자기 십자가를 지라"라는 말씀은 하나님과만 관계있는 사명의 길, 제자도의 길만 가라는 의미다(눅 14:27). 고난이 계속되어도, 돈이 없어도, 질병에 시달려도 하나님이 주신 사명을 다하는 것은 얼마든지 할 수 있다. 사명은 고통의 길이 아니다. 평안의 길이다. 예수님 안에서 선한 일을 행하는 길이다. 예수님 안에서 온전한 사람이 되는 길이다. 예수 그리스도의 용서와 사랑과 화평과 하나 됨의 사역에 동참하는 길이다. 하나님 나라와 하나님의 의를 이루는 사역에 동참하는 영광이다.

　예수님이 주신 멍에에 관해서 한 가지만 더 살펴보자. 나는 이런 생각을 해보았다. '예수님이 주시는 멍에가 아예 없거나 무게가 전혀 없다면 더 좋지 않았을까?'라고 말이다. 어쩌면 당신도 같은 생각을 한 번은 해보았을 것이다. 고난 가운데서 이 질문을 던지면서 내가 깨달은 사실이 있다. '사명'이라는 멍에가 없으면 우리는 방종한다. 인생을 낭비한다. 수십, 수백억 원 복권에 당첨된 사람들이 사는 모습을 보라. 복권 1등에 당첨되면 돈에 대한 멍에가 없어진다. 돈에서 완전히 자유다. 평생 쓰고도 남을 돈이 손에 들어왔기 때문이다. 그러면 그들은 모두 행복하게 살았을까? 미국에서 실시한 한 조사 결과, 복권 당첨자의 90% 이상은 불행한 결말을 맞이했다.

　2019년 6월 부산에서, 30대 한 남성이 상습 절도 혐의로 경찰에 붙잡혔다. 경찰 조사 결과 그는 2006년 로또 1등에 당첨되어 상금 19억 원을 수령한 사람이었다. 당시 20대였던 그는 세금을 떼고 남은 14억 원으로 아버지에게 집과 개인택시를 사 주고 형에게 가게도 차려 주었다. 하지만 얼마 지나지 않아 도박에 손을 댔고 남은 돈 전부를 탕진하고 2008년부터 10년 동안 금은방, 편의점 등에서 물건을 훔치다 구속되기를 반복했다.

　2015년 양산에 사는 60대 한 남성이 40억 3,400여만 원짜리 로

또 1등에 당첨되었다. 인생 역전의 기쁨은 잠시였다. 어머니를 비롯한 가족이 당첨금을 나눠 달라고 요구하면서 가족 관계에 금이 가기 시작했다. 가족들은 당첨금을 나눠 주지 않자 갖은 협박을 했다. 양산시청 등에서 피켓 시위도 벌였다. 결국 이들은 법정에서 다투는 사이가 되고 말았다.

2003년 한국 로또복권 역사상 두 번째로 높은 1등 상금 242억 원을 받은 57세 남성이 있었다. 그가 242억 원 중 세금을 제하고 받은 189억 원 전액을 탕진하는 데 걸린 시간은 불과 5년이었다. 그는 당첨금을 수령하자마자 서울 서초구에 있는 고급 주상복합 아파트 두 채를 40억 원에 샀다. 그는 병원 설립 투자금에 40억 원을 썼다. 하지만 여기까지가 그의 행복의 끝이었다. 친구에게 20억 원을 맡겼는데 그 친구가 "증여받았다"고 주장하는 바람에 법정 다툼을 벌였고 패소했다. 남은 돈을 전부 주식에 쏟아부었다가 2008년쯤 글로벌 금융위기 대폭락을 맞으며 모두 잃었다. 설상가상으로 병원 설립에 투자한 40억 원도 서류상의 문제로 돌려받지 못했다. 그는 남은 두 채의 아파트를 담보로 돈을 빌려 주식투자를 다시 했지만 그것마저도 다 잃었다. 1억 3천만 원의 빚도 생겼다. 결국 인터넷 채팅 사이트 등에서 자신이 '펀드 매니저'라고 사기를 쳐서 남의 돈을 갈취하여 구속되고 말았다.

미국에 사는 한국인 중 한 명도 1등 상금 1,800만 달러 복권에 당첨되어 인생 역전에 성공했다. 그는 적지 않은 금액을 기부하고 재단도 설립했다. 하지만 큰돈을 한꺼번에 받게 되면서 돈이 없을 때는 겪지 않았던 다양한 문제에 직면했고, 도박에 손을 대 중독되었고, 결국 전 재산을 잃었다.

돈에 대한 멍에가 없어지자 방종하여 인생이 불행해진 사람은 너무 많다. KBS 프로그램 중 하나인 "차트를 달리는 남자"에서 '복권 당첨자들의 저주' 편을 방송한 적이 있다. 미국인 커티스 샤프라는 사람은 1등 상금 560억 원 복권에 당첨되어 TV 대스타가 되었다. 그는 TV에 출연하여 "돈이 필요하신 분들에게 돈을 빌려주겠다"라고 발언했다. 하지만 이 발언으로 인해 사기도 당했다. 그는 사치 생활을 멈추지 않았고, 결국 빈털터리로 전락했다.

영국의 한 남성은 상금 100억 원 복권에 당첨되었다. 그는 당첨금을 가족들에게 베풀며 살아갔지만 폭력배들의 공격을 받는 등 어려움을 겪었다. 스페인으로 이민을 갔지만 그곳에서 시작한 술집 사업이 망하고 지인에게 사기를 당해 결국 무일푼이 됐다. 227억 원 복권에 당첨된 한 남성은 가족을 위해 돈을 썼지만 어느 날 갑자기 세상을 떠났다. 범인으로 처제와 그녀의 남자친구가 지목됐다. 2,530억 원 복권에 당첨된 영국의 한 부부는 1등 당첨 후에도 평범하게 생활했다. 하지만 10개월 후 돌연 이혼했다. 남편은 한참 어린 여자친구에게 푹 빠졌고, 아내는 헬스 트레이너와 불륜에 빠졌기 때문이다.

미국의 한 남성은 203억 원 복권에 당첨되었지만 사치와 도박과 마약 중독에 빠져 모든 돈을 탕진하고 은행 강도로 전락했다. 미국에서 286억 원 복권에 당첨된 한 남자도 사치스러운 생활로 1년 만에 상금 절반을 탕진했고, 결국 5년 만에 무일푼으로 돌아갔다. 1,474억 원 복권에 당첨된 영국의 한 남성은 자신의 당첨금으로 사치스런 생활을 남발한 아들과 법정 싸움을 벌여야 했고, 당첨금의 나머지는 딸이 가지고 도망가 버렸다.

이 프로그램에 소개된 마지막 중국인 한 사람은 복권 중독으로 패가망신을 했다. 그도 중국에서 복권 1등에 당첨되었다. 하지만 1등 재당첨을 꿈꾸며 7년간 10억 원의 복권을 재구매했다. 복권 재구매를 위해 집도 팔았고, 사채업자에게 돈을 빌렸고, 자신에게 돈을 빌려주지 않는 친구의 복권 판매점에 불을 지르기도 했다. 이것이 인간의 본모습이다.

정신의학자들은 복권 1등 당첨자가 불행해지는 원인으로 '주변 사람들'과 '보상회로' 등 두 가지를 꼽는다. 미국의 연구 사례를 보면, 복권 1등 당첨자는 가족, 친구, 이웃, 심지어 불특정 사회인들과 인간관계가 복잡하게 엮이면서 과도한 스트레스를 받는 상황에 처한다. 복권 1등 당첨이 가져다준 엄청난 쾌락은 비슷한 수준의 쾌락을 다시 맛보고 싶은 보상회로도 작동시킨다. 보상회로가 작동하면서 도박과 술에 중독되면서 끊임없이 쾌락을 좇다가 결국 불행한 결말에 이른다. 하버드대학교 심리학자 대니얼 길버트 교수는 "로또가 주는 행복의 효과는 평균 3개월이 지나면 사라진다"는 연구 결과를 발표했다. 프랑스 파리경제대 연구팀은 "복권에 당첨된 사람들은 건강과 경제적 풍요를 유지하지 못했다"는 결과를 발표했다.

이런 행동은 그리스도인이라고 예외가 아니다. '복권 당첨자의 저주'를 말할 때 가장 많이 언급되는 사람이 있다. 2002년 파워볼 1등에 당첨된 잭 휘태커다. 그가 세금을 제외하고 수령한 상금은 9,300만 달러였다. 그는 당첨금의 10%를 교회에 십일조로 드렸다. 닷컴 버블 붕괴 충격으로 해고했던 직원 25명도 복직시켰다. 자선 재단도 설립했다. 하지만 죄악의 본성이 그를 가만히 두지 않았다. 스트립 클럽과 술집에 드나들면서 폭행 시비에 휘말렸다. 사치와 도박으로 돈을 탕진했다. 결국 복권 당첨 5년 만에 파산했다. 외손녀는 마약 중독으로 사망했고, 몇 년 후 딸도 사망했다. 부인에게는 이혼을 당했다. 휘태커는 ABC 방송과의 인터뷰에서 "복권에 당첨되었던 것은 나에게 '축복'이 아니라 '저주'였다"라고 답했다.

멍에가 없는 것은 축복이 아니라 저주다. 멍에 자체가 없으면 우리는 방종한다. 인생을 낭비한다. 인간을 살리는 것은 멍에가 없는 삶이 아니다. 멍에가 너무 무거우면 인간은 불행해진다. 오히려 쉽고 가벼운 예수 그리스도가 주시는 멍에가 인간을 살린다.

어느 날 "가벼운 스트레스는 인체에 도움이 된다"라는 제목의 신문 기사를 읽었다. 해로운 인자나 자극을 받을 때 나타나는 긴장 상태를 뜻하는 '스트레스'(stress)라는 단어는 '멍에'라는 단어처럼 부정적인 의미를 담고 있다. 스트레스라는 단어를 처음 사용한 캐나다의 내분비학자 한스 셀리에 박사는 스트레스가 일어나는 단계를 3단계로 나눴다.

1단계는 '경고반응기'다. 인체가 해로운 인자나 자극인 '스트레서'(stressor)에 노출되면 체온 및 혈압 저하, 저혈당, 혈액 농축 등 경보반응성 쇼크가 일어난다. 2단계는 '저항기'다. 스트레스가 계속되면 1-48시간 안에 이에 대해서 적극적으로 저항을 시작한다. 3단계는 '피폐기'다. 스트레스를 해소하지 못하고 계속 시달리게 되면 저항력이 떨어지고 불안과 공포가 극에 달하면서 생체에 여러 질병적 증상이 나타나고 결국 죽게 된다. 셀리에 박사는 열 마리 쥐에게 환한 빛, 큰 소음, 전기 충격 등 각종 스트레스를 한 달 동안 계속 가했다. 그 결과, 열 마리 쥐 모두 불안과 공포에 떨면서 병들어 죽었다.

감당 못할 무거운 멍에와 짐은 강력하고, 장기간 인체를 공격하는 스트레스를 만들어 인간을 불행하게 하고, 질병에 걸리게 하고, 결국 죽음에 이르게 한다. 크고 긴 고난에 올바로 대처하지 못하면 성도는 무너지고 죽음에 이르게 된다. 그래서 고난을 당하면 쉴 곳을 찾아 피신해야 한다. 고난을 헤쳐 나가는 또 다른 기술이 '쉬는 것'이 되는 중요한 이유다. 그래서 나는 앞서도 언급했지만 고난을 당하면 "이제 그만 쉬세요"라고 조언한다. 하나님이 나를 낮추시면, 나를 고난으로 밀어 넣으시면 내가 무엇을 해도 소용없다. 발버둥 치는 것을 멈춰야 한다. 무의미한 발버둥은 스트레스를 가중시킬 뿐이다.

고난을 당하면 본능적으로 혹은 습관적으로 모든 것을 내려놓고 하나님께 피해야 한다. 예수님이 "수고하고 무거운 짐 진 자들아 다 내게로 오라 내가 너희를 쉬게 하리라"(마 11:28)라고 하신 말씀은 그냥 하신 것이 아니다. 우리를 살리시기 위함이다. 고난에 빠져도 죽지 않게 보호하시기 위함이다. 내 무거운 짐과 고통스런 멍에를 벗어 버리자. 대신, 예수님이 주시는 쉽고 가벼운 멍에와 짐을 지자. 그러면 산다.

2004년 미국 켄터키대학교의 수잰 세이거스톰 박사와 캐나다 브리티시컬럼비아대학교의 그레고리 밀러 박사는 스트레스 관련 의학 논문 300편을 검토한 결과를 발표했다. 시험을 치르는 등 짧은 스트레스가 신체 면역 체계를 강화한다는 사실이다. 스트레스를 적당히 조절한다면 신체와 정신에 활력을 얻을 수 있다는 것이다. 쉽고 가벼운 스트레스는 아드레날린, 엔도르핀이나 다른 유익한 호르몬을 피 속에 공급해서 우리 몸을 상처나 감염 등에서 보호하려는 면역 반응을 강화시키고 위험에 대처해 싸우거나 그 상황을 피할 수 있는 힘과 에너지를 제공한다는 결과다. 스트레스라는 용어를 처음 쓴 셀리에 박사도 운동은 인체에 적당한 스트레서를 주어 건강하게 만드는 '양성 스트레스'라고 정의했다. 예수님이 주시는 쉽고 가벼운 멍에와 짐을 지자. 쉽고 가벼운 예수 그리스도가 주시는 멍에가 우리를 살린다.

제안 5
주를 의지하면 나를 부끄럽게 하지 않으신다

내가 모태에서부터 주를 의지하였으며
나의 어머니의 배에서부터 주께서 나를 택하셨사오니
나는 항상 주를 찬송하리이다(시 71:6).

'귀인을 찾지 말라'도 내가 깨달은 고난을 헤쳐 나가는 기술이다. '귀인'(貴人)은 사회적 지위가 높고 귀한 사람을 말한다. 인간은 어려움에 빠지면 가장 먼저 귀인을 찾고 의지하려는 습관이 있다. 힘 있는 사람, 연줄이 좋은 사람, 돈이 많은 사람, 지위가 높은 사람이면 나의 고난과 위기를 해결해 줄 수 있을 것이라는 기대를 갖는다. 그래서 이런 사람을 이리저리 정신없이 찾아다닌다. 내가 아는 모든 사람을 떠올리며, 모든 인맥을 다 동원하여, 누가 나를 도와줄 것인가를 생각하고 묻는다.

보이지 않으시는 하나님보다 보이는 사람이 먼저 의지되는 것은 당연할지 모른다. 하지만 성경은 분명히 가르친다. 고난에 빠졌을 때 귀인들을 의지하지 말고 도울 힘이 없는 인생도 의지하지 말라고(시 146:3), 야곱의 하나님을 자기의 도움과 소망으로 두라고(시 146:5), 흔들리지 말고 여호와만 의지하라고 가르친다(시 26:1).

나도 고난에 빠져 보니 알았다. "긴 병에 장사 없다"는 말이 있듯이, 긴 고난에 귀인 없다. 고난이 길고 커지면 모든 사람이 내게 등을 돌린다. 내 전화를 거절한다. 나와 이야기하기를 피한다. 내 입에서 무언가 도와 달라는 말이 나올까 봐 그런 자리 자체를 피하는 것이다. 심지어 그런 고난에 빠진 것은 너의 잘못이라고 몰아붙인다. 너 스스로 위기를 자초한 것이라고 질책한다.

고난 그 자체도 힘든데 헛된 기대를 가지고 이 사람, 저 사람을 찾아다니지 말라. 마음의 상처만 커진다. 배신감만 커진다. 고난 그 자체보다는 사람에 대한 상처와 배신감으로 무너지고 만다. 사람에게서 좋은 말을 들을 것도 기대하지 말라. 욥의 세 친구의 말들을 들어 보라. 욥을 더욱 괴롭게만 만들었다.

나는 긴 고난을 겪고 난 후로는 애초부터 이렇게 생각한다. '나를 구원해 줄 귀인은 없다'고 말이다. 다시 말하지만, 긴 고난에는 귀인의 도움 같은 것은 절대 없다. 애초부터 기대하지 말라. 사람은 나를 버리고, 심지어 부모마저 나를 버려도 나를 영접해 주시고 내 고통과 호소에 귀를 기울여 주실 분은 여호와 하나님뿐이시다(시 27:10). 지금 당하는 재앙들이 다 지나가기까지 내가 피할 수 있는 유일한 곳은 주의 날개 그늘 아래뿐이다(시 57:1).

귀인에게 내 길을 맡기지 말라. 대신, 내 길을 여호와께 맡기라. 하나님을 의지하면 그분이 이루어 주신다(시 37:5). 나를 위해 모든 것을 이루시는 분은 오직 지존하신 하나님 한 분뿐이시다(시 57:2). 하나님은 하늘에서 인자와 진리를 보내사 나를 삼키려는 자의 비방과 세상의 공격에서 나를 구원하신다(시 57:3). 눈물 골짜기로 지나갈 때 많은 샘을 만나게 하신다(시 84:6). 나의 손으로 행한 일을 견고하게 하시는 이는 하나님뿐이시다(시 90:17). 하나님만 의지하자. 하나님만 사랑하자. 하나님의 이름만 기억하자. 하나님께만 도움을 간구하자. 그러면 하나님이 어떻게 하시는가?

> 하나님이 이르시되 그가 나를 사랑한즉 내가 그를 건지리라
> 그가 내 이름을 안즉 내가 그를 높이리라

> 그가 내게 간구하리니 내가 그에게 응답하리라
> 그들이 환난당할 때에 내가 그와 함께하여
> 그를 건지고 영화롭게 하리라
> 내가 그를 장수하게 함으로 그를 만족하게 하며
> 나의 구원을 그에게 보이리라 하시도다(시 91:14-16).

고난에 빠졌을 때 주를 우러러보고 의지하면 어떤 일들이 일어날까? 성경이 가르치는 내용을 좀 더 들어 보자.

내 짐을 여호와께 맡기고 주를 의지하면 하나님은 나를 부끄럽게 하지 않으신다(시 25:2). 지금 당하고 있는 나의 수치가 영원하지 않게 해주신다(시 71:1). 사람이 어찌 못하게 해주신다(시 56:11). 나의 원수가 나를 이겨 개가를 부르지 못하게 해주신다(시 25:2). 주의 길을 배우게 하시고 진리로 나의 나아갈 길을 지도하신다(시 25:4-5). 내 발을 그물에서 벗어나게 하신다(시 25:15). 천만인이 나를 에워싸 진 쳐도 두렵지 않게 하신다(시 3:6). 군대가 나를 대적하여 진 칠지라도 내 마음이 두렵지 아니하며 전쟁이 일어나 나를 치려 할지라도 태연하게 해주신다(시 27:3).

천 명이 나의 왼쪽에서, 만 명이 나의 오른쪽에서 엎드러지나 이 재앙이 내게 가까이하지 못하게 하신다(시 91:7). 환난 날에 나를 하나님의 초막 속에 비밀히 지키시고 하나님의 장막 은밀한 곳에 나를 숨기시며 높은 바위 위에 두신다(시 27:5). 하나님이 나와 다투는 자와 친히 다투어 주시고 나와 싸우는 자와 친히 싸워 주신다(시 35:1). 하나님이 친히 창을 빼셔서 나를 쫓는 자의 길을 막으시고, 그들이 거꾸로 수치를 당하게 하시고, 나를 상해하려는 자들이 낭패를 당하고 바람 앞에 겨와 같이 흩어지게 하신다(시 35:3-5). 그들의 길을 어둡고 미끄럽게 하시고 그들이 숨긴 그물에 자기가 잡히게 하신다(시 35:6-8). 내 걸음을 막으려고 준비한 그물, 나를 빠뜨리려고 판 웅덩이에서 나를 건지시고 그들이 빠지게 하신다(시 57:6). 악인과 피 흘리기를 즐기는 자들이 급히 흐르는 물같이 사라지고 꺾인 화살이 되게 하신다(시 58:7). 소멸하여 가는 달팽이 같게 하신다(시 58:8). 하나님만이 나의 피난처요 요새요 방패와 손 방패가 되어 주신다(시 91:2, 4).

제안 6
만나와 메추라기에 익숙해지자

돈을 사랑하지 말고 있는 바를 족한 줄로 알라
그가 친히 말씀하시기를 내가 결코 너희를 버리지 아니하고
너희를 떠나지 아니하리라 하셨느니라(히 13:5).

내가 긴 고난의 시간에 배운 기술이 하나 더 있다. '만나와 메추라기에 익숙해지는 것'이다. 만나와 메추라기 훈련은 이스라엘 백성의 광야 시간에 실시되었던 고유한 훈련이다. 우리의 광야 시간에도 이 훈련은 필수다. 하나님은 "내일 일을 위하여 염려하지 말라"(마 6:34)라고 가르치시지만, 믿음이 약한 우리는 내일이 걱정되기 때문에 창고에 더 많이 쌓아 두려는 본능을 발동시킨다. 한번 고난에서 빠져나오면 더 이상 고난에 빠지지 않으리라는 마음에 창고에 가득 쌓아 두려는 것이다. 잃지 않기 위해 묻어두려는 본능과 불신이다.

나는 긴 고난을 겪으면서, 하나님이 내게 가르치고자 하시는 것 중에 하나가 바로 이런 본능과 불신을 이기는 것임을 깨달았다. 내가 긴 고난을 헤쳐 나가는 동안 하나님은 정확하게 매달 내게 필요한 것만을 주셨다. 강의가 좀 더 들어와 필요한 비용에서 넘치면 곧바로 다른 강의를 취소시키거나 다른 비용을 발생시켜서 필요한 수준을 맞추셨다. 반대로, 필요한 돈이 부족하면 예상치도 못한 곳에서 필요한 만큼의 돈이 생기게 해주셨다. 나는 이렇게도 생각해 보았다.

'매달 필요한 만큼만 주실 것이라면 그냥 필요한 만큼만 주시면 되지, 굳이 넘치게 하셨다가 빼 가시고, 부족하게 하셨다가 다

시 채워 주시는 번거로운 과정을 반복하실 필요가 있을까?'

이런 마음이 들 때마다 하나님은 내 마음속에 이런 깨달음을 주셨다. 하나님이 그렇게 하지 않으시면 하나님이 필요한 것을 필요한 때에 필요한 만큼 주고 계시다는 사실을 잊어버릴 것이 분명했다. 시간이 지날수록 '내 능력으로 고난의 시간을 견디고 버티고 헤쳐 나가고 있다'는 교만이 다시 고개를 들 것이 확실했다.

'작심삼일'이라는 말이 있다. 계획과 마음먹은 바가 3일을 넘기지 못하는 경우가 태반이다. 인간의 믿음도 3일을 넘기지 못한다. 이스라엘 백성은 홍해에서 일어난 위대한 기적과 구원의 역사를 보았다. 두 눈으로 바닷가에 애굽 사람들이 죽어 있는 광경을 보았다(출 14:30). 하지만 홍해를 지나 수르 광야로 들어가서 거기서 사흘 길을 걷고 물을 얻지 못하다가 마라의 물이 써서 마시지 못하게 되자 모세를 원망하기 시작했다(출 15:22-24). 여호와께서 모세에게 한 나무를 가리키셨고, 모세가 물에 던지니 물이 달게 되었다(출 15:25).

이스라엘 백성이 그 물을 마시고 엘림에서 떠나 엘림과 시내산 사이에 있는 신광야에 이르렀을 때는 애굽에서 나온 지 45일 되는 날이었다(출 16:1). 애굽에서 탈출하며 가지고 온 식량이 소진되자 이스라엘 백성은 다시 모세와 아론을 원망했다.

> 이스라엘 자손이 그들에게 이르되 우리가 애굽 땅에서
> 고기 가마 곁에 앉아 있던 때와 떡을 배불리 먹던 때에
> 여호와의 손에 죽었더라면 좋았을 것을
> 너희가 이 광야로 우리를 인도해 내어
> 이 온 회중이 주려 죽게 하는도다(출 16:3).

마태복음 8장에서 예수님은 베드로의 집에 들어가서 그의 장모의 열병을 고쳐 주셨다. 그날 저녁, 제자들은 예수님이 귀신 들린 자와 병든 자들을 고치는 이적을 베푸시는 것을 직접 보았다. 하지만 그들의 믿음은 오래가지 못했다.

예수님은 많은 사람이 자기를 에워싸는 것을 보시고 갈릴리 바다 건너편으로 가자시며 제자들과 배에 오르셨다. 배가 바다 한 가운데 이르자 갑자기 큰 풍랑이 일어나고 배가 물결에 덮이게 되었다(마 8:24). 제자들은 소리쳤다. 혼비백산했다. 주무시던 예수님을 깨우며 살려 달라고 애원했다. "우리가 죽겠나이다"(마 8:25)라고 두려워서 외쳤다. 이에 예수님은 "어찌하여 무서워하느냐 믿음이 작은 자들아" 하시고는 곧 일어나서 바람과 바다를 꾸짖으셨고, 바다는 아주 잔잔하게 되었다(마 8:26). 제자들은 "이이가 어떠한 사람이기에 바람과 바다도 순종하는가"(마 8:27) 하며 놀랐다.

갈릴리 바다 풍랑 사건 이후에도 예수님은 회당장 야이로의 딸을 살리시는 달리다굼의 기적도 보여 주셨다(막 5:41). 떡 다섯 개와 물고기 두 마리를 가지고 5천 명을 배불리 먹이시고 떡 조각과 물고기를 열두 바구니나 남기시는 오병이어의 기적도 보여 주셨다(막 6:41-44).

오병이어의 놀라운 기적을 보고 난 직후 예수님은 제자들을 먼저 배를 타고 건너편 벳새다로 가게 하셨다. 날은 저물었고, 제자들이 탄 배는 10여 리를 지나 바다 한가운데 도착했다(요 6:19). 이때도 바람이 거세졌고 제자들은 힘겹게 노를 저었다. 밤 사경쯤 산에서 기도를 마치신 예수님이 바다 위로 걸어서 제자들이 탄 배를 지나가려고 하셨다. 제자들은 바다 위로 걸어서 자기들이 탄 배 옆을 지나가시려는 예수님을 유령으로 착각해서 놀라 소리를 질렀다(막 6:49). 당연했다. 사람이라면 바다 위로 걸어서 오지 못한다. 유령이나 귀신만 그리할 수 있다.

그들이 다 예수님을 보고 놀라자, 예수님은 그들에게 "안심하라 내니 두려워하지 말라"(막 6:50) 하고 말씀하셨다. 그러자 베드로가 "주여 만일 주님이시거든 나를 명하사 물 위로 오라 하소서"(마 14:28)라고 말했고, 예수님은 베드로에게 "오라"(마 14:29) 하셨다. 이 말을 들은 베드로는 배에서 내렸고, 인류 역사상 전무후무하게 물 위로 걷는 기적을 체험했다.

하지만 베드로는 예수님을 향해 몇 발자국을 걸어가다가 거센 바람과 깊은 바다가 눈에 보였다. 베드로의 마음에 무서움이 밀려왔고, 그는 곧바로 바다에 빠졌다. 베드로는 예수님을 향해 "주여 나를 구원하소서"(마 14:30)라고 소리를 질렀다. 예수님은 즉시 손을 내밀어 그를 붙잡으시며 "믿음이 작은 자여 왜 의심하였느냐"(마 14:31)라고 말씀하셨다. 예수님과 베드로가 배에 오르자 거센 바람이 순식간에 잠잠해졌다(마 14:32). 성경은 이때 제자들의 마음을 다음과 같이 기록하고 있다.

이는 그들이 그 떡 떼시던 일을 깨닫지 못하고
도리어 그 마음이 둔하여졌음이러라(막 6:52).

우리의 마음과 믿음은 이렇게 둔하다. 어리석다. 믿음과 불신을 반복적으로 오간다. 주님이 바다를 말 한마디로 잠잠케 하신 기적, 떡 다섯 개와 물고기 두 마리를 가지고 5천 명을 배불리 먹이신 오병이어의 기적, 물 위로 걸어오시는 기적을 보고, 심지어 자신이 물 위로 직접 걷는 놀라운 기적을 체험하고도 뒤돌아서면 믿음이 사라지고 없다. 마음이 둔해져 버린다. 세상 풍랑과 거센 바람을 보고 다시 두려워하고 의심한다.

모세와 여호수아는 바다와 강을 갈랐지만 베드로는 바다 위로 걷는 '놀라운 구원의 영광'을 체험했다. 그럼에도 불구하고 베드로는 예수님이 붙잡히시자 도망갔고 예수님을 세 번이나 부인했다. 자신의 믿음 전체를 송두리째 부인한 것이다. 인간이 보여 줄 수 있는 불신의 최고를 보여 주었다.

엘리야도 마찬가지다. 그는 갈멜산에서 바알 선지자들과의 대결에서 승리했다(왕상 18:1-40). 땅에 꿇어 엎드려 기도하자 하늘에서 큰비가 내렸다(왕상 18:42-45). 여호와의 능력이 엘리야에게 임하자 그는 허리를 동이고 이스르엘(잇사갈에 있는 마을)로 들어가는 곳까지 단번에 달려가는 기적을 경험했다(왕상 18:46). 하지만 왕비 이세벨이 자기가 섬기는 바알의 선지자들을 죽인 엘리야를 잡아 오라고 명령하자 엘리야는 무서워서 광야에 있는 호렙산까지 도망갔다(왕상 19:1-8). 하나님께 자기를 죽여 달라고 할 정도로 나약해졌다.

쉽게 습관이 만들어지지 않듯, 쉽게 믿음이 단단해지지 않는다. 제자들처럼, 배워도 믿음이 둔해진다. 엘리야처럼, 기적을 체험해도 새로운 위기를 만나면 두려움에 떨고 도망친다. 이렇게 인간의 믿음은 3일을 넘기지 못한다. 흔들리지 않는 믿음을 얻으려면 반복적 훈련이 필요하다. 그래서 '만나와 메추라기에 익숙해지는 것'은 매우 중요한 훈련이자 고난을 헤쳐 나가는 기술이다.

BOOK in BOOK 1

고난의 시기, 성경을 조명함으로
인류 역사를 다시 보다

세계사가 보증하는 성경 속 예언 성취:
하나님 말씀은 진리다

성경에서 하박국, 이사야, 에스겔, 예레미야 등 네 명의 선지자들을 통해 하나님이 예언하신 말씀이 인간의 역사 세계사에는 어떻게 기록되어 있는지 살펴보자. 주전 609년 봄 또는 초여름 무렵, 하나님께 대한 순결한 예배를 독려하고 종교개혁을 했던 요시야왕이 이집트와의 전쟁 중에 사망했다. 당시 티그리스강과 유프라테스강이 흐르는 서아시아는 신바빌로니아, 신아시리아, 동북쪽의 메디아 왕국이 삼분했다.

신아시리아 제국(Neo-Assyrian Empire)은 주전 934년부터 609년까지 존재했다. 주전 8세기 티글라트-필레세르 3세부터 주전 7세기 아슈르바니팔(주전 669-627년)의 통치기에는 지구상에서 가장 강력한 국가로 부상했다. 이 시절에는 신바빌로니아와 엘람 왕국이 연합해서 대항해도 그 기세를 꺾지 못했다. 주전 722년 북쪽 이스라엘 왕국의 멸망도 이들에 의해서 이루어졌다. 여러 엘람 왕들이 신아시리아와 전쟁 중에 사망했고, 주전 646년에 수도까지 함락되고 주전 639년에 멸망했다. 하지만 이런 강대국 신아시리아도 훗날에 신바빌로니아 제국, 메디아, 스키타이, 킴메르를 포함한 모든 서아시아 국가들의 연합군에게 멸망했다.

 신바빌로니아 제국은 페르시아만을 통해 유럽과 아시아의 무역으로 부를 축적하고 기회를 기다렸던 갈대아인이 옛 바빌로니아 제국의 영광을 재건하기 위해 일어난 나라다. 초기에는 엘람과 연합해서 신아시리아에 대적했지만 번번이 실패했다. 엘람 왕국 멸망 이후 신바빌로니아는 메디아 왕국과 손을 잡고 신아시리아를 멸망시켰고, 그 여세를 몰아 시리아를 넘어 이스라엘과 이집트 일부까지 정복하여 거대한 제국을 건설했다.

 메디아 왕국은 주전 8세기에 이란고원의 서북부에서 발흥해서 자그로스 산맥(메소포타미아 북쪽의 산맥)의 동부 전체를 장악했던 왕국이다. 성경에서는 '메대'로 불린다. 그리스 역사가 헤로도토스의 『역사』라는 책에는 메디아 왕조의 시조인 데이오케스라는 영리하고 야심 많은 사람이 엑바타나를 수도로 삼아 나라를 일으키고 53년을 통치하면서 제국으로 발전시켰다고 적혀 있다. 훗날 신바빌로니아와 동맹하여 아시리아를 멸망시키면서 아나톨리아 동쪽 대부분을 점령했지만 주전 550년에 페르시아(성경에서는 '바사'로 불림)에 멸망했다.

페르시아는 신아시리아 제국에게 엘람 왕국이 멸망해 갈 무렵에 탄생했다. 엘람 왕국의 지배를 받던 파르사족이 전쟁의 혼란을 틈타 자그로스 산맥 남동쪽 끝부분에 있던 엘람 왕국의 초기 수도인 안샨(오늘날 이란의 파르스 지역)을 점령하여 기틀을 잡기 시작했다.

중요한 것은 이것이다. 하나님은 이런 제국의 흥망성쇠를 선지자들을 통해 미리 예언해 주셨다는 것이다. 다니엘서를 보라. 하나님은 신바빌로니아 느부갓네살 통치 2년째 되는 해에 다니엘을 통해 신바빌로니아가 어떻게 망할 것이며, 그 이후에 메대, 바사, 헬라(그리스), 로마 등의 새로운 제국이 어떤 순서로 일어나고 망할지를 정확하게 예언해 주셨다(단 2:29-45).

다니엘은 느부갓네살이 왕좌에서 축출당하여 황량한 벌판에서 짐승처럼 지내다가 하늘을 우러러 우주만물의 왕이신 하나님을 인정하면서 정신이 돌아와 다시 왕위를 되찾을 것도 예언했다(단 4:24-28). 그 예언이 있은 지 12개월이 지난 후 느부갓네살왕은 오늘날 '보안드로피'(boanthropy, 자신을 소라고 생각하는 정신 질병)로 알려진 정신 질환에 걸렸다. 그리고 예언대로 7년 후에 회복되어 2년을 더 통치하다가 사망했다.

이 모든 일은 성경에는 예언으로, 인간의 역사에는 실제 일어난 사실로 기록되어 있다.

바빌론 유수에 관한
성경의 기록과 역사 속 기록

주전 612년 신바빌로니아 2대 왕인 느부갓네살(주전 634-562년)은 메디아 왕국의 키악사레스왕의 딸 아미티스와 혼인 동맹을 맺고, 신아시리아 수도 니네베를 점령하고 잔존 세력을 뒤쫓았다. 이때 이집트 파라오 느고(네카우 2세)는 신아시리아의 반격을 지원하기 위해 출정을 떠났다. 참고로, 성경에서 '느고'라고 불린(왕하 23:29) 네카우 2세는 이집트 제26왕조의 파라오다. 주전 610년부터 595년까지 재위했다. 재위 기간 수에즈 운하를 비롯한 수많은 건설 작업을 추진했고, 느부갓네살왕이 이끄는 신바빌로니아 제국과 전쟁을 반복했다.

느고는 군대를 비아 마리스 해안 도로를 따라 시리아로 배치한 뒤 블레셋과 샤론의 저지대를 따라 이동시키고, 남쪽의 이스르엘 골짜기에 있는 언덕의 능선을 넘을 준비를 했다. 이때 유다 왕 요시야가 군대를 이끌고 출정하여 메기도에서 이집트군을 막아섰다. 하지만 유다 군대는 패퇴했고 요시야왕은 전사하고 말았다. 『바빌로니아 연대기』에는 이집트가 이스르엘 골짜기를 넘는 데 성공하여 신아시리아 군대와 합류하여 하란에서 주전 609년 담무스월부터 엘룰월까지 신바빌로니아 군대와 싸웠다는 기록이 있다.

이집트 파라오 느고는 요시야왕을 대신하여 왕이 된 여호아하스에게 충성 맹세를 받아 냈다. 악한 왕 여호아하스는 곧바로 반역했다. 하지만 이집트 파라오 느고와의 전투에서 패하여 3개월간의 통치를 끝으로 포로로 끌려가고 만다. 그다음으로 등극한 유다 왕 여호야김도 이집트 파라오 느고에게 예속되어 나라를 악하게 통치했다.

주전 605년 이집트 파라오 느고는 느부갓네살과 메디아 연합군과 벌인 전투에서 대패를 했다. 이 전투에서 승리한 느부갓네살왕은 귀환 길에 처음으로 유다를 침략하여 이집트를 따랐던 여호야김을 자국에 예속된 왕으로 삼았다. 3년 후 여호야김은 느부갓네살에게 반역을 했고(왕하 24:1), 곧바로 신바빌로니아 군대가 유다 왕국을 두 번째로 침략했으며, 여호야김은 전투 중에 사망했다.

18세 된 요시야왕의 손자, 여호야김의 아들인 '여고냐'(Jeconiah)라고도 불린 여호야긴이 왕위를 물려받았지만(대상 3:16) 3개월간 통치하다가 느부갓네살왕에게 포로로 잡혀가 버렸다. 이때 에스더서에 등장하는 모르드개도 함께 포로로 잡혀갔다(에 2:6).

느부갓네살은 21세에 불과한 여호야긴의 숙부 맛다니야를 바벨론 이름 시드기야로 개명한 후 왕으로 세웠다(왕하 24:17). 시드기야는 통치 9년째 되는 해에 느부갓네살에게 예속된 왕을 배반했다. 그러자 느부갓네살이 주전 584년에 세 번째로 유다를 공격했다(왕하 25:1). 이스라엘 남쪽 유다 왕국은 끝까지 항전했지만, 주전 586년 예루살렘은 함락되었고, 유다는 멸망했고, 시드기야는 눈알이 뽑히고 쇠사슬에 묶인 채 신바빌로니아 제국으로 끌려갔다.

느부갓네살은 이때 솔로몬 성전을 돌 위에 돌 하나도 남지 않을 정도로 완전히 파괴하고 다니엘 등 수많은 유대인 포로를 끌고 본국으로 귀환했다. 또한 이때 얻은 전리품으로 사막 한가운데 거대하고 웅장한 바빌로니아 시티를 건설했다. 느부갓네살은 바빌로니아 시티에 왕비 아미티스를 위해 세계 7대 불가사의 건축물 중 하나인 '공중정원'을 건축하여 선물했고, 가장 큰 지구라트도 건설했다.

다니엘의 세 친구가 엎드리지 않은 금신상은(단 3:1-7) 신바빌로니아 제국 최고의 신인 '마르둑'이다. 느부갓네살이 분노하여 사드락과 메삭과 아벳느고를 던져 넣은 풀무불도 실제 존재했다(단 3:19). 느부갓네살왕은 사막 한가운데 바빌로니아 시티를 건설할 때 성에서 가장 아름답고 웅장했던 마르둑 신전과 이슈타르 성문 장식에 청색 벽돌을 사용했다. (이것은 지금도 유명한 관광지와 유적으로 남아 있다.)

청색 벽돌은 점토를 석유 에너지를 사용해서 1,300-1,400도가 넘는 고온에 구워 만든 세라믹 벽돌, 자기 벽돌을 말한다. 이들이 사용한 석유 에너지가 바로 '역청'이다. 이집트를 비롯해서 신바빌로니아 지역에는 진흙과 역청이 많았다. 느부갓네살왕은 역청을 건물의 방수제나 천연 아스팔트로 사용했다.

다니엘의 세 친구는 금으로 만든 마르둑 신상에 절하지 않아서 극렬하게 타오르는 풀무불에 던져졌다. 하지만 하나님은 그들이 털끝 하나 타지 않게 하셨다. 불에 탄 냄새조차 없게 하셨다(단 3:27). 세계사에는 신바빌로니아 제국에서 이렇게 잡혀간 유대인들이 약 70년간 포로 생활을 했다는 내용도 기록되어 있다.

약속하신 70년, 때가 차매
하나님이 준비하신 역사적 인물들

주전 539년 하나님은 페르시아의 왕 크루소스 2세(키루스 1세의 손자, 캄비세스 1세의 아들, 히브리어 표기법으로 '고레스')를 사용해서 하루아침에 신바빌로니아 제국을 멸망시키셨다. 하나님은 신바빌로니아 왕 벨사자르가 밤늦게까지 만찬에 빠져 흥청망청하게 하시고, 그 시간을 틈타 이슈타르의 문을 통과한 페르시아 특공대가 바빌로니아 황궁을 단숨에 장악하게 하셨다. 다니엘 5장에 등장하는 신바빌로니아 성벽에 쓰인 "메네 메네 데겔 우바르신"(단 5:25-28)이라는 심판 문구를 성취하시고, 동시에 예레미야 25장에서 약속하셨던 '바벨론에서의 귀환'이라는 예언과 약속을 이루시는 역사의 시작이었다(렘 25:11-12, 28:4, 11).

신바빌로니아 제국을 하룻밤 만에 무너뜨린 페르시아의 왕 고레스는 바빌로니아 제국에서 포로 생활을 하는 유대인을 전리품으로 삼지 않았다. 정복자 고레스는 조건 없이 해방시켰다. 유대인 입장에서 보면 기적이지만, 하나님 편에서는 계획된 일이었다.

유대인의 제1차 귀환 시작 일자는 두 가지 관점이 있다. 고레스왕이 '크루소스 칙령'이라는 귀환 조서를 내린 것을 기준으로 삼는 주전 538년(스 1:2-4)과 실제로 예루살렘으로 돌아온 해인 주전 537년이다. 유대인들이 성전 건축을 시작한 것은 주전 536년이었다. 이는 예레미야 선지자의 예언대로 바벨론 포로 기간이 70년이라는 것과 일치한다.

유대인의 귀환을 허락한 고레스왕이 죽고 그의 아들인 캄비세스 2세가 대왕이 되었지만 그는 이집트에서 페르시아로 귀환하던 중에 급사했다. 이때 캄비세스 2세의 동생 바르디야가 왕위를 요구했다.

그러자 파르티아 총독 히스타스페스의 장남이었던 다리우스(페르시아어로 '다리유슈')가 페르시아의 다른 여섯 귀족 가문의 도움을 받아 다음 계승자 바르디야를 죽이고 대왕의 자리에 올랐다. 다리우스는 쿠데타의 명분으로 진짜 바르디야는 이미 죽었고 가우마타라는 자가 바르디야를 참칭했다고 주장했다.

역사가 헤로도토스의 저서 『역사』에는 쿠데타에 성공한 다리우스와 여섯 귀족들이 누가 왕이 될 것인지를 정하는 방법을 논의하는 장면이 나온다.

그들은 밤에 말을 타고 성 밖으로 나가서 해가 뜰 무렵에 가장 먼저 말이 운 사람을 왕으로 추대하기로 했다. 이때 다리우스는 암컷 말의 냄새를 채취하여 해가 뜰 때 자신의 말이 이 냄새를 맡고 흥분해서 가장 먼저 울게 만드는 계책을 사용해서 대왕에 선출되었다. 다리우스는 쿠데타 세력과 통치 방법을 두고 논쟁할 때도 "대중은 우미하고 충동적인 의견에 휩쓸리기 쉬우니 민주정치와 과두정치는 제국을 다스리기 적합하지 않다"라는 주장을 폈다. 그리고 집권하자 독재정치를 시작했다.

바르디야를 암살하고 나자 동부 지역을 중심으로 제국 곳곳으로 반란의 분위기가 널리 퍼졌다. 멸망한 바빌로니아도 느부갓네살 3세를 앞세워 반란을 일으켰다. 다리우스는 모든 반란을 진압했고, 메디아 왕국을 침략하여 키루스 2세(고레스)를 죽인 이란계의 부족들인 사카를 공격하고 트라키아와 북부 에게해의 많은 도시를 정복했으며 마케도니아는 자발적으로 종속시켰다. 소아시아 지방에 있던 그리스 섬들도 페르시아의 지배에 복종시켜 페르시아 제국을 최고 전성기에 올려놓았다.

다리우스대왕은 이렇게 확장한 페르시아 제국을 여러 주로 나누어 그곳에 지방관을 임명하여 다스리게 했다. 제국의 표준어로 아람어를 채택하고, 법을 정비하고, 새로운 통화 시스템도 만들었다. 하지만 민주주의의 꽃이 핀 곳으로 유명한 그리스에서는 다리우스대왕의 독재정치에 대한 불만이 점차 심각해졌다. 결국 아테네와 스파르타에서 친페르시아계의 귀족들이 추방당하는 사건이 벌어졌다. 다리우스는 사위가 이끄는 군대를 헬레스폰트 해협 건너 파병시켰다. 하지만 트라키아인들의 농락과 격렬한 폭풍으로 인해 후퇴할 수밖에 없었다.

다리우스는 헬라 민족과 사상을 불순하다고 규정하고 수만 대군을 이끌고 전쟁을 다시 벌였다. 이것이 제1차 페르시아 전쟁이다. 제1차 페르시아 전쟁의 승자는 그리스였고, 마라톤 평원에서 대승을 거둔 그리스는 아테네까지 전령 페이디피데스를 보내 승리의 소식을 전했다. 훗날 이 승리와 전령의 이야기가 마라톤 경기의 유래가 된다.

제1차 페르시아 전쟁에서 대파하자 다리우스는 자신이 직접 군대를 이끌고 그리스 반란을 진압하고자 마음먹었다. 다리우스는 군함과 군대를 준비하기 위해 3년을 보냈지만 이집트에서 일어난 반란을 막느라 지지부진했고 주전 486년 10월 사망하고 말았다.

다리우스를 이어 장남 크세르크세스가 즉위하였다. 헬라 이름으로 크세르크세스가 에스더서에 등장하는 아하수에로왕이다(에 1:1). 그는 정복왕 아버지의 뒤를 이어서 인도에서부터 에티오피아까지 127도의 광활한 바사 제국을 통치했다(주전 486-464년). 아하수에로는 왕후 와스디를 폐위시키고 유다 출신 에스더를 왕비로 맞았다(에 2:17). 하나님은 에스더를 왕후로 만들어 유다인을 말살하려는 하만의 음모를 실패시키시고 하만과 그 일족(아말렉)을 멸하시는 데 아하수에로를 사용하신 것이다(에 8:1-9:16).

주전 480년, 아하수에로는 20만 명의 대군을 이끌고 아버지의 뒤를 이어 제2차 페르시아 전쟁을 일으켰다. 하지만 300명의 스파르타 용사의 결사 항전과 살라미스 해전(주전 480년)과 플라티아 전투(주전 479년)에서 연패하면서 그리스 정복의 꿈은 무너졌다. 귀국 후 방탕한 생활에 빠졌고 부하에게 암살당하고 말았다.

그의 뒤를 이어 제국을 물려받은 왕이 크세르크세스 1세의 셋째 아들 아르타크세르크세스 1세다. 성경에는 아닥사스다왕으로 나온다(스 4:7; 느 1:1). 그는 너그럽고 매우 관용적인 정책을 펼친 왕이었다. 아닥사스다왕은 할아버지 다리우스 1세 때부터 이어진 그리스와의 전쟁을 '칼리아스 평화조약'을 맺음으로써 공식적으로 종결시켰다. 이 조약의 핵심은 키프로스와 소아시아가 페르시아 제국의 지배 아래 있는 것을 인정하고, 대신 상당한 자치권도 부여한다는 것이었다.

아닥사스다왕은 스파르타와 아테네가 그리스의 주도권을 두고 벌이는 펠로폰네소스 전쟁에서 서로 지원을 요청했지만 중립을 지켰다. 그리스에서 쫓겨난 살라미스 해전의 영웅 테미스토클레스의 망명도 받아들여 극진히 보호했다.

아닥사스다왕이 그리스 국가들과 맺은 칼리아스 평화조약은 성경적으로도 매우 중요한 배경이다. 아닥사스다왕은 통치 20년이 되던 해에 술 맡은 관원이었던 느헤미야를 부르고, 세 번째 예루살렘 귀환과 예루살렘 성벽 재건을 허락했다(느 2:1).

당시 유대 지방은 페르시아 제국에서 파견된 총독의 관할 지역이었다. 이런 지역에서 성벽을 재건한다는 것은 반란을 의미하는 행동이었다. 앞서 설명했듯이, 페르시아 제국은 수많은 반란에 시달렸다. 아닥사스다왕의 명령 없이 성벽 재건은 불가능한 일이었다. 에스라 시절, 아닥사스다왕은 신하들의 고소장(반란 우려와 의심이 담김)을 받고 예루살렘 성곽 공사를 중단시킨 적이 있었다(스 4:6-23). 이 틈을 타고 이스라엘의 적들은 일부 복구된 성벽을 무너뜨리고 불을 질렀다.

아닥사스다왕 통치 20년 니산월, 느헤미야는 4개월간 금식을 한 후 반란의 오해를 살 수 있는 위험을 무릅쓰고 왕 앞에 섰다. 그리고 하나님의 선한 손의 도우심이(느 2:8, 18) 역사하셨다. 아닥사스다왕은 느헤미야를 유다의 총독으로 임명하고 예루살렘 성벽 재건을 허락했다.

하지만 하나님의 계획은 더 컸다. 에스라가 신앙 개혁을 주도했다면, 느헤미야는 사회 개혁을 주도했다. 하나님의 목적은 성벽 재건을 넘어 사회와 신앙 개혁까지 이뤄 유대 민족이 구속사를 다시 이끌어 갈 하나님의 백성으로 면모를 갖추게 하시려는 것이었다. 하나님은 이런 철저한 계획 아래서 정확한 시간에 정복과 피로 상징되는 페르시아 제국 속에서 너그럽고 관용적인 아닥사스다왕을 준비시키셨다.

Reflections on Suffering; A Futurist's Perspective

역사는 하나님이 주관하신다.
하나님이 나의 고난의 시간도 주관하고 계신다.
그러니 하나님을 믿고 견디고 버텨라.

CHAPTER / 04

고난 속에서
끝까지 기다린다는 것의 의미

끝까지!
한 번은 가 봐야 되지 않겠는가

만나와 메추라기를 매일 기다리는 것은 결코 쉽지 않은 훈련이다. '인지상정'(人之常情)이란 말이 있다. 사람이라면 누구나 느끼는 감정을 말한다. 사람으로 태어나 갖게 되는 자연스러운 감정을 통틀어 이르는 말이다. 고난을 하루라도 빨리 끝내고 싶은 마음, 고통과 근심에서 한시라도 빨리 벗어나고 싶은 마음은 인지상정이다.

나도 마음고생을 하는 아내, 어린 나이에 경제 문제로 애를 쓰는 아이들, 하루하루 생계를 걱정하시는 부모님을 생각하면 하루라도 빨리 경제적 고통과 고난에서 벗어나고 싶었다. '이 정도 깨달았으니 하나님이 이 고난을 여기서 끝내 주시는 것도 좋지 않을까?' 하고 혼자서 생각한 적도 많았다. 하지만 하나의 고난이 끝나는가 싶으면 또 다른 고난과 문제가 찾아오기를 반복했다. 그럴 때마다 믿음으로 견뎌 냈지만, 한편으로는 힘이 빠지기도 했다.

새로운 고난과 문제가 터지면 베드로나 엘리야처럼 다시 두려워했고 낙심하기를 반복했다. 다윗처럼 '하나님이 어제는 지켜 주셨지만 오늘은 지켜 주심을 멈추시는 것은 아닌가?', '하나님의 은혜는 어제로 끝이 났고, 다시는 하나님이 은혜를 베풀지 아니하시는 것은 아닐까?', '하나님이 그가 베푸실 은혜를 잊으신 것은 아닌가?' 하는 아둔함과 의심이 반복되었다(시 77:7-9). 하박국 선지자처럼 "여호와여 내가 부르짖어도 주께서 듣지 아니하시고 내가 외쳐도 주께서 구원하지 아니하시니 어느 때까지 기다려야 합니까?"라고 탄식했다(합 1:2).

그러고 나면 곧바로 정신을 차리고 다윗처럼 "이렇게 생각하는 나의 잘못입니다" 하며 회개했다(시 77:10상). "지존자의 오른손의 해 곧 여호와의 일들을 기억하며 주께서 옛적에 행하신 기이한 일을 기억하리이다 또 주의 모든 일을 작은 소리로 읊조리며 주의 행사를 낮은 소리로 되뇌이리이다…하나님과 같이 위대하신 신이 누구오니이까 주는 기이한 일을 행하신 하나님이시라…주의 팔로 주의 백성 곧 야곱과 요셉의 자손을 속량하셨나이다"(시 77:10하-15)라고 하나님을 높이는 고백을 했다. 그리고 약간의 투쟁심이 생겼다. 그래서 이렇게 다짐했다.

'이왕 이렇게 되었으니 끝까지 한 번은 가 봐야 되지 않겠는가!'
'끝장을 보는 것이 야곱의 씨름이지.'
'고난이 이기나 내가 이기나 끝까지 해보자.'
'하나님이 원하신다면 그래, 끝까지 한번 가 보자.'
'하나님이 나와 가족을 죽게야 하시겠는가!'

구원 이후 흔들리지 않는 믿음의 경지에 이르는 것은 그냥 얻어지지 않는다. 성도라면, 제자라면 만나와 메추라기를 매일 기다리는 훈련도 끝까지 한 번은 가 봐야 한다. 만나와 메추라기를 매일 기다리는 훈련은 단순히 '먹는 것'의 문제가 아니다. 하나님의 자녀가 이 땅에서 어떤 태도와 자세로 돈을 대해야 하는지, 하루하루를 어떻게 살아가야 하는지, 진정 중요한 것이 무엇인지를 몸으로 직접 배우고 익히고 체험하게 한다.

하나님은 이스라엘 백성이 애굽에서 나온 지 45일째 되는 날 신광야에서 식량이 소진되자 하늘에서 양식을 비같이 내려주셨다(출 16:1-4). 만나와 메추라기였다. 시편 기자는 이 놀라운 광경을 다음과 같이 묘사한다.

> 그가 위의 궁창을 명령하시며 하늘 문을 여시고
> 그들에게 만나를 비같이 내려 먹이시며 하늘 양식을
> 그들에게 주셨나니 사람이 힘센 자의 떡을 먹었으며
> 그가 음식을 그들에게 충족히 주셨도다 그가 동풍을
> 하늘에서 일게 하시며 그의 권능으로 남풍을 인도하시고
> 먼지처럼 많은 고기를 비같이 내리시고
> 나는 새를 바다의 모래같이 내리셨도다 그가 그것들을
> 그들의 진중에 떨어지게 하사 그들의 거처에 두르셨으므로
> 그들이 먹고 심히 배불렀나니
> 하나님이 그들의 원대로 그들에게 주셨도다(시 78:23-29).

끝까지!
기다리면서 꼭 지켜야 할 믿음의 원칙 3가지

만나와 메추라기에도 '믿음의 원칙'이 있었다.
첫째, 매일 아침 나가서 각 사람이 일용할 것을 거두어야 한다.

하늘에서 양식을 비같이 내리리니 백성이 나가서 일용할 것을 날마다 거둘 것이라…너희 각 사람은 먹을 만큼만 이것을 거둘지니 곧 너희 사람 수효대로 한 사람에 한 오멜씩 거두되 각 사람이 그의 장막에 있는 자들을 위하여 거둘지니라

(출 16:4, 16).

둘째, 만나를 아침까지 남겨 두지 말아야 한다. 하나님의 명령에 순종하지 않고 아침까지 남겨 둔 만나는 벌레가 생기고 냄새가 나서 먹지 못했다(출 16:19-20).

셋째, 여섯째 날에는 날마다 거둔 것의 갑절을 거두어야 한다. 거룩한 안식일을 준비하는 것이다(출 16:22-23). 안식일 아침까지 간수한 만나는 여느 때와 달리 냄새도 나지 아니하고 벌레도 생기지 않았다(출 16:24). 일곱째 날인 안식일에는 만나가 내리지 않았다(출 16:27).

이 믿음의 원칙에는 중요한 단어들이 있다. '매일'과 '필요한 분량만큼'과 '순종'이다.

원칙 ❶ : 매일

첫째 단어 '매일'에 대해 살펴보자. 모세는 하나님이 만나와 메추라기를 '매일' 일용할 양식 분량만 주시는 이유를 설명했다. 하

나님이 주신 만나와 메추라기로 무사히 저녁까지 배불리 먹고 나면 "여호와께서 우리를 애굽 땅에서 인도하여 내셨다"라고 고백하게 된다(출 16:6). 다음 날 아침, 빈 그릇을 다시 채울 양식이 하늘에서 비처럼 내리는 것을 보면서 "여호와의 영광"(출 16:7)을 보게 하시기 위함이었다. 하나님은 매일 아침에 만나가 진 주위에 있게 하시고, 매일 저녁에는 메추라기가 와서 진을 덮게 해주셨다(출 16:13). 하나님은 이 일을 광야 40년 동안 한 번도 실수하지 않으시고, 한 번도 늦지 않으시고, 정확한 시간에 정확한 필요만큼 '매일' 해주셨다. 이스라엘 백성은 매일 "여호와께서 우리를 애굽 땅에서 인도하여 내셨다"라고 고백했고, 매일 여호와의 영광을 보게 되었다.

예수님은 그 하나님이 공중 나는 새와 들에 피는 백합화와 내일 아궁이에 던져지는 들풀도 섬세하게 기르고 돌보신다고 말씀하셨다(눅 12:24-28). 그 하나님께 "우리에게 날마다 일용할 양식을 주시옵고"(눅 11:3), "오늘 우리에게 일용할 양식을 주시옵고"(마 6:11)라고 기도하라 하셨다. 그 하나님이 나에게 일용할 양식을 매일 주시는 것은 그분이 우리를 매일 돌보고 지키고 보호하신다는 상징이며 약속이다.

이스라엘 백성은 무엇을 먹을까, 무엇을 입을까 때문에 한시도 참지 못하고 하나님을 원망하고 걱정하고 의심했다. 우리도 마찬가지다. 만나와 메추라기 훈련은 하나님 아버지께서는 '매일' 우리에게 있어야 할 것이 무엇인지 미리 아시는 분이라는 것을 배우게 한다. 하나님이 매일 먹이고 입히시니 근심하지 말 것을 배우게 한다. 하나님은 40년을 하루도 빠짐이 없으신 분이니 내일의 일용할 양식을 의심하지 말 것을 배우게 한다. 나의 소중한 인생을, 나의 소중한 하루를 일용할 양식만을 근심하면서 낭비하지 말 것을 배우게 한다. 이처럼 만나와 메추라기 훈련은 우리가 이 땅을 살아가는 동안 '하나님이 나의 하나님 여호와이신 줄 알게 하는 훈련'이다.

오늘 일용할 양식의 은혜를 얻었으면 앞으로 40년간 일용할 양식의 약속을 믿으라. '매일' 믿음의 주요 온전케 하시는 주만 바라보아야 한다(히 12:2). 여호와 하나님만 온전히(fully) 믿고 따라야 한다. 오늘 불 기둥과 구름 기둥의 역사를 보았으면 내 평생 불 기둥과 구름 기둥이 함께할 것을 믿으라. 믿음은 '적당히'가 없다. '이 말씀은 믿어지고, 저 말씀은 안 믿어지고'가 없다. '어제는 믿고, 오늘은 믿어지지 않고'가 아니다. 믿으면 다 믿고, 그렇지 않으면 다 못 믿는 것이다. '이것은 하고, 저것은 못하고'가 없다. '여기까지는 할 수 있고, 여기부터는 못하고'가 없다. 여기까지 순종했으면 이후로도 믿고 순종하는 것이다. 하나님이 여기까지 도우셨으면 앞으로도 도우신다.

아이들은 부모의 약속을 어제도, 오늘도, 내일도 의심 없이 믿고 기다린다. 어린아이같이 순수한 믿음을 가져야 하나님의 찬란한 영광을 본다. 하나님이 나와 함께 나누시는 거룩하고 위대한 영광을 본다.

> 너희는 무엇을 먹을까 무엇을 마실까 하여
> 구하지 말며 근심하지도 말라(눅 12:29).

> 구하기 전에 너희에게 있어야 할 것을
> 하나님 너희 아버지께서 아시느니라(마 6:8).

> 너희가 해 질 때에는 고기를 먹고
> 아침에는 떡으로 배부르리니
> 내가 여호와 너희의 하나님인 줄 알리라(출 16:12).

원칙 ❷ : 필요한 분량만큼

둘째 단어 '필요한 분량만큼'에 대해 살펴보자. 우리는 이 땅에 영원히 거주하지 않는다. 이 땅은 광야와 같다. 우리는 이 땅에 잠시 왔다 가는 나그네다. 여행자다. 그러니 '필요한 분량만큼'만 소유해야 한다. '필요한 분량만큼'은 돈이나 먹을 것에만 국한되지 않는다. 우리는 "좀 더 자자", "좀 더 쉬자", "좀 더 편해지자", "좀 더 삶의 질을 높이자", "좀 더 좋은 집에 살자", "좀 더 넉넉하게 살자", "좀 더 모으자", "좀 더 유명해지자", "좀 더 주목받아 보자", "좀 더 높아지자" 한다. '좀 더'라는 단어는 끝이 없다. 이 모든 것에서 '필요한 분량만큼'을 넘어서는 '좀 더'라는 단어를 좇기 시작하면 욕심이 나를 사로잡게 된다.

만약 하나님이 오늘의 필요보다 더 주신다면 그것에는 뜻이 있다. 하나님은 만나를 6일째 날에는 하루의 필요 분량보다 더 주셨다. 안식을 위한 배려였다. 하나님이 오늘의 필요보다 넘치게 주셨다면 "감사합니다" 하고 끝내지 말라. 넘치게 주시는 이유는 그것을 곳간에 쌓아 두라는 의미가 아니다. 나누라고 주신 것이다. 구제하라고 주신 것이다. 약자를 도우라고 주신 것이다. 하나님 나라를 위해 사용하라고 주신 것이다. 그러니 남는다고 허비하지 말고 잘 관리해야 한다.

필요한 분량 이상을 원하는 것을 '욕심'이라고 부르고, 욕심이 과도하면 '탐욕'이라고 부른다(시 119:36). 악인은 그의 마음의 욕심을 자랑하고, 탐욕을 부리는 자는 하나님을 배반하여 멸시하게 된다(시 10:3). 야고보서 1장 15절은 "욕심이 잉태한즉 죄를 낳고 죄가 장성한즉 사망을 낳느니라"라고 분명하게 지적한다. 욕심은 죄의 근원이고, 종국에는 우리를 사망에 이르게 한다. 성도에게 욕심을 다스리는 일은 가장 중요한 과제다. 시편 기자는 만나와 메추라기 사건을 해석하면서 욕심의 근원으로 '불신'을 지적했다.

> 그러나 그들이 그들의 욕심을 버리지 아니하여
> 그들의 먹을 것이 아직 그들의 입에 있을 때에
> 하나님이 그들에게 노염을 나타내사 그들 중 강한 자를
> 죽이시며 이스라엘의 청년을 쳐 엎드러뜨리셨도다
> 이러함에도 그들은 여전히 범죄하여 그의 기이한 일들을
> 믿지 아니하였으므로(시 78:30-32).

필요한 분량 이상을 원하는 또 다른 이유는 '내일에 대한 불안'이다. 이 역시 '불신'이 근원이다. 때를 따라 먹을 것을 주시는 주님을 믿지 못함이다(시 145:15). 내 영혼을 사망에서 건지시고 굶주릴 때에 살리시는 하나님을 믿지 못함이다(시 33:19). 식료품에 풍족히 복을 주시고 떡으로 빈민을 만족하게 하시는 하나님을 믿지 못함이다(시 132:15). 내 광주리와 떡 반죽 그릇에 복을 주시는 하나님을 믿지 못함이다(신 28:5). 그래서 불신에 뿌리를 두고 있는 '내일에 대한 염려'도 '욕심'만큼 위험하다.

욕심과 내일에 대한 불안을 다스리는 유일한 길은 '하나님을 믿음'이다. 그 믿음의 시작은 각자 '필요한 분량만큼 주심'에 자족

(自足, self-sufficiency)하는 마음이다. 욕심과 불신으로 필요한 분량을 넘어서는 것을 모아 두면 벌레가 생기고, 냄새가 나고, 내 입으로 들어가지도 못한다. 그래서 사도 바울은 '자족'이 참된 경건에 이르는 필수 조건이라고 가르쳤으리라. '자족'의 사전적 의미는 '스스로 넉넉함을 느끼는 상태'다. 사도 바울은 '하나님이 주신 것을 족한 줄로 아는 것'이 자족이라고 가르쳤다.

어떠한 형편에든지 나는 자족하기를 배웠노니(빌 4:11).

그러나 자족하는 마음이 있으면 경건은 큰 이익이 되느니라
우리가 세상에 아무것도 가지고 온 것이 없으매
또한 아무것도 가지고 가지 못하리니
우리가 먹을 것과 입을 것이 있은즉
족한 줄로 알 것이니라(딤전 6:6-8).

욕심과 두려움을 버리고 '매일' '필요한 분량만큼'의 일용할 양식을 주시는 하나님을 믿는 믿음, 주신 만큼 자족하는 것, 이것은 참 쉽지 않다. 한 번 마음먹는다고 되는 것이 아니다. 돌아서면 곧바로 욕심이나 두려움에 눈길이 간다. 나와 같은 프리랜서나 자영업자는 이 일이 얼마나 어려운지 잘 안다. 나는 강의 수익

이 매출의 대부분이다. 강의 매출은 농사로 비유하면 '천수답'(天水畓, rain fed paddy field)이다. 천수답은 저수지나 강으로부터 물을 끌어 대거나 지하수를 이용할 수 없는 지역의 논이다. 이런 논은 모내기 철에 충분한 비가 오지 않으면 모내기가 늦어지고, 모를 낸 후에도 가뭄이 들면 피해가 커서 안정된 수확량을 기대하기 어렵다. 신명기 11장 14절의 "여호와께서 너희의 땅에 이른 비, 늦은 비를 적당한 때에 내리시리니 너희가 곡식과 포도주와 기름을 얻을 것이요"라는 약속에 전적으로 의지한다.

이삭의 경제도 천수답이었다. 풀과 물이 중요한 목축업은 천수답의 대표적 산업이다. 가는 곳마다 이삭의 종들이 우물을 가지고 싸웠던 것을 보라. 그러니 아브라함이 조카 롯에게 온 땅에 물과 목초지가 넉넉한 요단 지역을 양보한 것은 대단한 믿음이다(창 13:9-10). 하나님이 자신의 가축에게 풀과 물을 주실 것이라는 믿음이 없으면 어려운 선택이었다. 이스라엘 200만 백성이 광야에서 40년 동안 산 것도 천수답의 은혜가 아니면 불가능했다. 하나님이 먹여 살리셔야 가능하다.

내 비즈니스도 천수답이다. 사람들이 보는 나의 겉모습은 화려했다. 하지만 나는 매달 수천만 원씩 지출되는 연구소 운영 비용, 양가 부모님 생활비와 우리 집 생활비를 마련해야 했고, 장성해 가는 4명의 자녀들의 대학 비용을 걱정해야 했고, 우리 부부의 생활과 은퇴 준비도 필요했다. 강의 수익은 한 달에도 언제 생길지 기약이 없고, 매달 일정 수준의 강의 수익이 생긴다는 보장도 전혀 없다. 어떤 달에는 많이 들어오고 어떤 달에는 하나도 들어오지 않을 수 있다. 지난 십수 년간 나는 어깨에 몇 개의 무거운 짐을 짊어지고 살았다. 하나님이 먹여 살리셔야 가능하다. 그래서 '매일' 필요한 분량만큼 주시는 은혜가 얼마나 귀한지 실감한다.

동시에, 오늘 일용할 양식을 거두었어도 '매일' 내일의 걱정, 다음 달의 걱정, 내년의 걱정과 두려움에 쉽게 빠질 수 있다. 나도 지난 십수 년간 매일 일용할 양식을 먹이시는 하나님의 은혜를 체험했지만, 오늘 또 하루가 시작되면 내일에 대한 걱정과 불신의 생각을 떨쳐내기가 어려운 적이 많았다. 고난의 시간에 새벽마다 일용할 양식을 약속하신 하나님의 능력에 힘이 솟다가도, 저녁이 되어 어둠이 짙게 드리우면 '내일 아침에 만나가 내리지 않으면 어떻게 하나?'라는 두려움이 반복되었다. 그래서 '매일' '필요한 분량만큼' 일용할 양식을 주시는 하나님을 믿는 믿음도 은혜이고, '자족'하는 마음도 은혜다.

하나님은 이런 은혜를 고난 가운데 성령의 반복 훈련으로 얻게 하신다. 이스라엘 백성은 만나와 메추라기 훈련을 통해 40년 동안 '필요한 분량만큼'을 추수하고 보관하는 연습을 했다. 그것에 스스로 넉넉함을 느끼는 '자족'의 훈련을 받았다. 그리고 이스라엘 백성은 40년 동안 자족하는 삶을 살았다. 놀랍지 않은가! 하루를 자족하며 사는 것도 쉽지 않은데, 그들은 40년을 자족하며 살았다. 이것이 훈련의 효과다.

이스라엘 백성은 매일 일용할 양식을 받아먹는 훈련을 반복하면서 하나님이 40년간 만나와 메추라기를 내려 먹여 주실 것이 믿어졌다. 하나님이 40년 동안 그들을 한시도 떠나지 않으신다는 것이 믿어졌다. 자족은 그 하나님을 믿는 자만이 할 수 있는 '믿음의 행위'다.

자본주의 시대, 모든 먹고사는 것이 돈에서 나온다. 이런 시대를 살아가는 성도들에게 하나님은 말씀하신다.

> 돈을 사랑하지 말고 있는 바를 족한 줄로 알라
> 그가 친히 말씀하시기를 내가 결코 너희를 버리지 아니하고
> 너희를 떠나지 아니하리라 하셨느니라(히 13:5).

경제 상황이 좋고 내가 높아져 있을 때 욕심과 싸워 이기는 것은 힘들다. 싸울 필요도 못 느낀다. 하나님이 나를 낮추시고 굶주림에 처할 때 욕심과 싸울 필요를 느끼고, 욕심과 싸울 수 있고, 욕심과 싸워서 승리할 수 있다. 이처럼 만나와 메추라기 훈련은 우리가 이 땅에서 '필요한 분량만큼' 구해야 하고, 주신 것에 스스

로 넉넉함을 느끼며 '매일' 자족해야 하고, 욕심에 도취되어 필요 이상으로 남기고 모으려는 활동에 귀중한 인생을 허비하지 말 것을 깨닫게 한다.

> 썩을 양식을 위하여 일하지 말고
> 영생하도록 있는 양식을 위하여 하라
> 이 양식은 인자가 너희에게 주리니(요 6:27).

원칙 ❸ : 순종

마지막 단어 '순종'에 대해 살펴보자. 만나와 메추라기는 '믿음으로 사는 것', '하나님의 말씀에 의지하여 사는 것'을 훈련하는 데 목적이 있다. "달을 가리키는 손가락에 빠져 달을 보지 못한다" 혹은 "달을 가리키는 손가락만 보고 달은 보지 못한다"라는 말이 있다. '달'은 중요한 본질이나 핵심을, '손가락'은 그것을 지시하거나 설명하는 부차적인 것을 의미한다. 이 표현은 중요한 본질이나 핵심을 놓치고 덜 중요한 것에만 주목하는 사람들의 태도를 비판하거나 지적하는 데 사용한다.

하나님은 모세에게 하늘의 양식을 비같이 내려 주시면서 이스라엘 백성이 만나와 메추라기에 대한 하나님의 명령을 지키는지 보겠다고 말씀하셨다(출 16:4). 그 말씀이 떨어지기 무섭게 이스라엘 백성 중에 불순종하는 이들이 나왔다.

> 그들이 모세에게 순종하지 아니하고
> 더러는 아침까지 두었더니 벌레가 생기고 냄새가 난지라
> 모세가 그들에게 노하니라(출 16:20).

이스라엘 백성은 광야 40년 동안 만나와 메추라기에 대한 하나님의 말씀과 명령을 매일 순종하며 살아야 했다. 순종하지 않을 때마다 '벌레가 생기고 냄새가 나는 것'을 보았다. 하나님께 순종한다는 것은 '하나님이 말씀하시면 그대로 되니' 그대로 하는 것이다.

율법에 대한 오해가 있다. 율법은 인간이 지킬 수 없는 것이라는 오해다. '율법'(law, 律法)은 히브리어로 '토라'인데, 본래 '던지다', '(물을) 뿌리다'라는 뜻을 가진 '야라'에서 유래되었다. 하나님으로부터 던져진 혹은 뿌려진 지시, 교훈, 법령, 계명, 법, 관습이라는 의미다(민 15:16; 시 19:8). 헬라어는 '노모스'인데, 이 단어는 '분배(할당)하다', '나누다', '분리시키다'라는 뜻을 가진 '네모'에서 파생되었다. 하나님의 백성이 세상에서 거룩히 구별(나눠지고 분리됨)되어 살도록 하시기 위해 하나님이 친히 세우신 법을 말한다(요 7:19; 롬 10:4). 일차적으로는 십계명(출 20:3-17; 신 5:6-21)을 포함하

여 하나님이 시내산에서 모세에게 주신 법이고, 넓게는 구약성경(요 10:34, 12:34), 포괄적으로는 신구약 성경에 있는 우리의 생활과 행위에 관한 하나님의 명령 전체다.

율법은 본래 이스라엘 백성이 하나님의 백성답게 해야 할 말과 행동, 생활과 행위에 관한 것이기에 누구나 지킬 수 있는 것들이었다. 하나님의 명령은 "하라", "하지 말라" 등 두 가지뿐이다. "하라"고 하신 것은 하면 된다. "하지 말라"고 하신 것은 안 하면 된다. 하나님이 "하라"고 명령하신 것들 중에서 인간의 능력을 벗어나는 기적을 행하라는 것은 없다. "하지 말라"고 하신 것들을 하면 '죽음'에 이르는 것이 아니다. 기적을 행하라는 것도 아니고, 죽으라는 것도 아니기에 모든 명령은 누구나 지켜 행할 수 있다. 하나님이 지킬 수 없는 명령을 하시고, 그것을 인간이 못 지키니 벌을 주시는 것이 아니다. 우리 하나님은 그런 분이 아니시다. 십계명을 보자.

제1계명 "너는 나 외에는 다른 신들을 네게 두지 말라"(안 두면 된다!)

제2계명 "너를 위하여 새긴 우상을 만들지 말고 또 위로 하늘에 있는 것이나 아래로 땅에 있는 것이나 땅 아래 물속에 있는 것의 어떤 형상도 만들지 말며 그것들에게 절하지 말며 그것들을 섬기지 말라"(안 만들면 된다! 안 만들면 그것들에 절할 이유도 없다!)

제3계명 "너는 네 하나님 여호와의 이름을 망령되게 부르지 말라"(하나님의 이름을 망령되게 함부로 안 부르면 된다!)

제4계명 "안식일을 기억하여 거룩하게 지키라 엿새 동안은 힘써 네 모든 일을 행할 것이나 일곱째 날은 네 하나님 여호와의 안식일인즉 너나 네 아들이나 네 딸이나 네 남종이나 네 여종이나 네 가축이나 네 문안에 머무는 객이라도 아무 일도 하지 말라"(일곱째 날에는 쉬면 된다! 쉬는 것은 어렵지 않다!)

제5계명 "네 부모를 공경하라"(부모를 공경하는 것은 당연하다!)

제6계명 "살인하지 말라"(안 죽이면 된다!)

제7계명 "간음하지 말라"(내 아내, 내 남편만 사랑하면 된다!)

제8계명 "도둑질하지 말라"(안 훔치면 된다!)

제9계명 "네 이웃에 대하여 거짓 증거하지 말라"(사실만을 말하면 된다!)

제10계명 "네 이웃의 집을 탐내지 말라 네 이웃의 아내나 그의 남종이나 그의 여종이나 그의 소나 그의 나귀나 무릇 네 이웃의 소유를 탐내지 말라"(내 것에만 만족하면 된다!)

십계명은 인간이 절대 지킬 수 없는 명령이 아니다. 누구나 쉽게 지킬 수 있는 명령이다. 구약성경과 고대 역사를 읽어 보라.

다른 이방 신들은 자기를 따르는 백성에게 자식을 죽여 제물로 갖다 바치라고 명령했다. 스스로 해쳐 충성심을 증명하라고 했다. 온갖 좋은 것을 가져다 바치라고 했다. 자기를 위해 강제로 노동하라고 했다. 이런 이방 신들의 명령이 지킬 수 없는 것들이었다. 하나님은 자신을 섬기고 따르는 데 이런 명령을 하신 적이 없다. 오히려 하나님은 누구나 쉽게 지킬 수 있는 명령만 하시고는 그것을 지키면 엄청난 축복을 주셨다.

나를 사랑하고 내 계명을 지키는 자에게는
천대까지 은혜를 베푸느니라(출 20:6).

네 부모를 공경하라 그리하면 네 하나님 여호와가
네게 준 땅에서 네 생명이 길리라(출 20:12).

너희가 이 모든 법도를 듣고 지켜 행하면
네 하나님 여호와께서 네 조상들에게 맹세하신
언약을 지켜 네게 인애를 베푸실 것이라(신 7:12).

네가 만일 네 하나님 여호와의 말씀만 듣고
내가 오늘 네게 내리는 그 명령을 다 지켜 행하면

네 하나님 여호와께서 네게 기업으로 주신 땅에서
네가 반드시 복을 받으리니 너희 중에 가난한 자가 없으리라
(신 15:4-5).

네가 네 하나님 여호와의 말씀을 삼가 듣고
내가 오늘 네게 명령하는 그의 모든 명령을 지켜 행하면
네 하나님 여호와께서 너를 세계 모든 민족 위에
뛰어나게 하실 것이라(신 28:1).

하나님이 누구나 다 쉽게 지킬 수 있는 명령을 하시고, 그 대가로 주겠다고 약속하신 축복들을 보라. 말도 안 되게 크고 엄청나다. 만약 한 나라의 대통령이 십계명에서 아이디어를 얻어 다음과 같은 명령을 하고 이것을 잘 지키면 앞서와 같은 엄청난 축복과 상을 주겠다고 약속했다고 해보자.

"너는 나 외에는 다른 대통령을 네게 두지 말라. 너의 집 안에 다른 나라 대통령 사진을 걸어 두지 말라. 그 사진 앞에서 절하고 섬기지 말라. 너는 너의 나라 국가 원수인 대통령의 이름을 망령되게 부르거나 조롱감으로 사용하지 말라. 매주 일요일은 그냥 쉬어라. 네 부모를 존경하고 잘 부양하라. 사람을 죽이면 안 된다. 원수가 생기면 나라에 신고하라. 네 아내, 네 남편만 사랑하

라. 남의 것을 무단으로 훔치지 말라. 법정에서는 사실만 증언하라. 남의 것을 탐내지 말고 네가 가진 것에 만족하고 행복하게 살아라."

이것들을 지키면 "네 자손 천대까지 평생 먹고살 돈을 주고, 모든 의료비를 지원하여 오래 살게 해주고, 좋은 직장에 취직시켜 주고, 엄청난 연금을 주어 평생 돈 걱정 없이 해주고, 명문대 명예박사 학위도 주고, 세계 모든 사람이 부러워할 정부 직책과 명예를 주겠다"고 했다고 가정해 보자. 이것이 말이 되는가? 그렇다. 하나님은 말도 안 되는 쉴 것을 명령하시고, 순종이라고 하기에는 부끄러울 정도의 명령을 하시고, 이것들에 순종하면 말도 안 되는 축복을 주겠다고 약속하셨다.

심지어 십계명의 제4계명("안식일을 기억하여 거룩하게 지키라")은 지키기 쉬운 것을 떠나서 그 자체로 행복한 계명이다. 하나님이 6일간 천지를 창조하시고 일곱째 날 쉬셨으니 우리도 무조건 쉬고 즐거워하라는 것이다. 하나님은 하나님의 백성이 안식일에 아무 일도 하지 않고 쉬게 하시려고 전날에는 만나를 이틀분이나 내려 주셨다. 먹을 것을 다 해결해 주시고 일곱째 되는 날은 쉬라고 하셨다.

새로운 한 해가 시작되면 직장인들이 가장 먼저 찾아보는 것이 있다. "올해는 공휴일이 며칠이나 될까?"다. 정부는 국민에게 즐거움을 주기 위해 공휴일이 일요일과 겹치면 그다음 날을 대체공휴일로 지정해 주기까지 한다. 그렇지 않으면 국민의 원성이 자자해진다. 하나님 나라의 국경일은 일주일마다 한 번씩 돌아온다. 이보다 더 좋은 것이 있겠는가. 이런 하나님의 명령이 지키기 어려운 것이 된 까닭은 4가지 이유 때문이다.

첫째, 바리새인과 서기관들이 율법을 '무거운 짐'으로 만들어 백성들의 어깨에 지우고(마 23:4), 자유를 빼앗고, 율법을 자기들의 권력과 탐욕에 맞춰서 곡해했기 때문이다. 예수님은 바리새인과 서기관들의 이런 못된 행동을 정확하게 지적하셨다.

> 화 있을진저 눈먼 인도자여 너희가 말하되
> 누구든지 성전으로 맹세하면 아무 일 없거니와
> 성전의 금으로 맹세하면 지킬지라 하는도다(마 23:16).

> 화 있을진저 외식하는 서기관들과 바리새인들이여
> 회칠한 무덤 같으니 겉으로는 아름답게 보이나
> 그 안에는 죽은 사람의 뼈와 모든 더러운 것이 가득하도다
> (마 23:27).

둘째, 우리의 '죄악 된 본성' 때문이다. 이 이유가 가장 근본적

이다. 하나님의 명령이 어려운 것이 아니라 우리 안에 있는 죄와 죄악 된 본성이 하나님의 명령 그 자체를 싫어하기 때문이다. 하나님을 싫어하기 때문이다. 하나님을 거부하기 때문이다. 예수님은 율법을 폐하러 오지 않으셨다. 율법을 완성하러 오셨다. 예수님은 십자가에서 순종으로 율법을 완성하셨다. 율법이 요구하는 완전한 의를 행하셨다. 문자로서 율법을 넘어, (산상수훈에서 가르치신 대로) 그 이면에 있는 하나님의 뜻과 명령까지 순종하심으로 율법을 완벽하게 이루셨다.

우리는 예수님이 이루신 완전한 의를 값없이 전가받았다. 하지만 내가 직접 의를 행하여 얻은 것이 아니기에, 구원받은 이후에도 내 안에는 하나님의 의에 따라 행할 능력이 없다. 순종할 능력이 없다. 하나님을 스스로 기뻐하고 의지하지 않는다. 구원받은 이후에도 내 마음에 하나님 두기를 싫어하는 죄악 된 본성, 하나님보다 더 높아지려는 죄악 된 본성, 남을 짓밟고 빼앗아서라도 모든 사람 위에 군림하여 왕 노릇 하고 싶은 죄악 된 본성이 그대로 남아 있기 때문이다.

대신, 예수님을 믿으면 우리 마음에 하나님의 본성이신 성령 하나님이 들어오셔서 나의 죄악 된 본성과 싸워 주신다. 만나와 메추라기에 대한 명령과 원칙은 지키기 쉬운 정도가 아니었다. 이것을 따르는 것을 가리켜 순종이라고 하기가 부끄러울 정도다.

그런데 우리는 죄악 된 본성 때문에 이것조차 스스로 지킬 수 없다. 하나님은 이토록 연약하여 매일 넘어지고 실수하는 나를 불쌍히 여기신다. 내가 '믿음의 은혜'로 성령의 손을 붙잡게 도우시고, 죄악 된 본성을 이기고 하나님의 말씀에 순종할 수 있게 은혜를 주신다. 성령이 돕지 않으시면 우리는 예수님을 믿어도 이스라엘 백성처럼 늘 원망, 불평, 불신, 불순종의 생활을 반복한다. 그래서 구원도 은혜요, 구원 이후 순종도 은혜다.

민수기 21장에서 이스라엘 백성은 광야 길로 인해 마음이 상하자 하나님이 주신 만나와 메추라기를 "이 하찮은 음식"이라고 폄하했다(민 21:5). 먹기 싫다고 불평했다. 애굽에서 살 때가 더 좋았다고 소리쳤다. 죄악 된 본성에서 나온 불평이다.

고난 속에서 하나님이 주시는 일용할 양식에 의지하는 훈련을 받고 있는가? 절대로 내일의 일용할 양식을 의심하지 말라. 만나와 메추라기 은혜를 당연한 것으로 여기지도 말라. 그 순간, 불평의 죄악이 고개를 쳐든다. "매일 이렇게 불안하게 어떻게 사냐?", "이것만으로 어떻게 사냐? 이전처럼 이것도 있어야 하고 저것도 있어야지" 하고 불평하는 죄악을 범하게 된다.

우리 안에 있는 죄악 된 본성은 있는 것에 감사하지 않고 없는 것에 불평한다. 그래서 고난이 필요하다. 고난의 시간은 우리가 죄악 된 본성에서 나오는 불평과 의심을 '하나님의 능력만 믿음',

'하나님의 약속만 믿음'으로 이겨 내게 해준다. 돈은 잃었어도 아직도 내 안에 감사할 것이 얼마나 많이 남았는지를 다시 보게 해준다.

셋째, '게으름' 때문이다. 다음 날 아침에 일어나 만나를 거두는 수고를 하기가 싫기 때문이다. 우리도 하나님의 말씀에 순종하는 것을 '내일부터 하면 되지!' 하며 미룬다. 게으름이다.

넷째, '하나님이 말씀하신 그대로 될까?' 하고 의심하기 때문이다. 순종은 하나님의 말씀이 지킬 수 있는 것이냐, 지킬 수 없는 것이냐를 따질 수 있는 문제가 아니다. 지킬 수 있는지, 없는지를 따지는 것 자체가 핑곗거리를 만들고자 하는 나쁜 마음이다. 순종하지 않는 이유는 '하나님의 능력'을 의심하고 부인하기 때문이다. 그래서 '불순종은 곧 불신'이다. 하나님에 대한 부인이다.

만나와 메추라기로 불평하는 이스라엘 백성에게 하나님은 진노하셨다. 하나님은 불뱀을 보내서 만나와 메추라기를 "이 하찮은 음식"이라고 불평한 많은 백성을 죽이셨다(민 21:6). 모세가 백성을 대신해서 하나님께 회개했다. 하나님은 놋으로 뱀을 만들어 장대 위에 매달아 두고, 불뱀에 물린 자들이 그것을 보면 살게 해주겠다고 말씀하셨다(민 21:8).

놋뱀이 능력이 있는 것이 아니다. 그 방법이 딱 맞는 비법이었던 것이 아니다. 하나님이 무슨 말씀을 하시든 '하나님이 말씀하시면 그대로 된다'고 믿고 순종하면 살 수 있음을 말씀하신 것이다. 하나님만이 나를 살리는 능력을 가지고 계심을 믿으라는 것이다.

드디어 이스라엘 백성은 하나님이 약속하신 아름다운 땅인 가나안 입성을 앞에 두게 되었다. 모세는 광야 시절 하나님이 만나와 메추라기로 먹이심의 의미를 잊어버리지 말라고 당부했다. 그리고 만나와 메추라기 훈련을 주신 진정한 뜻을 다시 해석해 주었다. 하나님이 광야 40년 동안 이스라엘 백성을 낮추시고, 굶주리게 하시고, 그 누구도 알지 못하던 만나를 먹이신 것은 "사람이 떡으로만 사는 것이 아니요 여호와의 입에서 나오는 모든 말씀으로 사는 줄을 네가 알게 하려 하심이니라"(신 8:3)라고 말했다.

우리가 만나와 메추라기를 먹는다고 해서 만나와 메추라기가 우리를 배부르게 하고 생명을 유지시키는 것이 아니다. 우리를 배부르게 하시고 생명을 유지시키시는 분은 만나와 메추라기를 매일 내려 주시는 하나님이시다. 그 하나님을 잊지 말라는 당부였다. 가나안 땅에서도 그 하나님만 믿고 섬기라는 당부였다. 예수님도 우리에게 같은 해석을 해주셨다.

> 예수께서 이르시되 내가 진실로 진실로 너희에게 이르노니 모세가 너희에게 하늘로부터 떡을 준 것이 아니라

내 아버지께서 너희에게 하늘로부터 참 떡을 주시나니
하나님의 떡은 하늘에서 내려 세상에 생명을 주는 것이니라
(요 6:32-33).

예수님은 "나는 생명의 떡이니 내게 오는 자는 결코 주리지 아니할 터이요 나를 믿는 자는 영원히 목마르지 아니하리라"(요 6:35)라고 말씀하셨다. 예수님은 생명의 떡, 하늘에서 내려오는 살아 있는 떡이시다(요 6:48, 50). 우리가 이 떡을 먹으면 영원히 죽지 않는다(요 6:50).

예수님의 살을 먹고 예수님의 피를 마시는 자는 영생을 가졌고 마지막 날에 예수님이 다시 살리신다(요 6:53-58). 예수님은 "내가 하늘에서 내려온 것은 내 뜻을 행하려 함이 아니요 나를 보내신 이의 뜻을 행하려 함이니라"(요 6:38)라고 하셨다. 예수님은 하나님의 말씀이시다. 은혜와 진리의 충만이시다(요 1:14).

우리는 의심하지 말고 하나님만 굳게 믿어야 한다. 우리의 살고 죽음은 일용할 양식에 있지 않다. 우리의 살고 죽음은 하나님께 달려 있다. 만나와 메추라기 훈련의 목적은 '예수를 믿는 믿음으로 사는 것', '하나님의 말씀에 의지하여 사는 것', '믿음과 순종'에 우리의 살고 죽음이 달려 있다는 것을 배우고 마음과 뼈에 '반복하고 반복해서' 새기는 것이다.

말씀이 육신이 되어 우리 가운데 거하시매

우리가 그의 영광을 보니

아버지의 독생자의 영광이요

은혜와 진리가 충만하더라(요 1:14).

PART. 3

고난 속 하나님 본심(本心)

고난 끝, 되돌려 주시는 은혜
모든 고난에는 하나님의 뜻이 있다!

Reflections on Suffering; A Futurist's Perspective

CHAPTER / 05

고난 끝,
되돌려 주시는 은혜

고난이 끝나면, 이전보다 더 큰 복이 기다린다

하나님이 오랜 시간 주리게 하시는 이유

> 하나님은 우리에게 은혜를 베푸사 복을 주시고
> 그의 얼굴 빛을 우리에게 비추사(시 67:1).

고난의 시간에 하나님이 만나와 메추라기 훈련을 시키시는 또 하나의 이유가 있다. 고난 이후 축복의 때를 위함이다. 광야의 시간이 끝나면 하나님은 이전보다 더 큰 복을 주신다.

이는 다 너를 낮추시며 너를 시험하사

마침내 네게 복을 주려 하심이었느니라(신 8:16).

광야 40년 훈련의 시간이 끝나자 하나님은 이스라엘 백성이 약속하신 아름다운 땅 앞에 당도하게 하셨다. 그 땅은 골짜기든지 산지든지 시내와 분천과 샘이 흐르고, 밀과 보리의 소산지요, 포도와 무화과와 석류와 감람나무와 꿀의 소산지였다. 이스라엘 백성이 먹을 것에 모자람이 없고 아무 부족함이 없는 땅이었다. 그 땅에는 철과 동이 넘쳐서 필요한 물건을 만들고, 무역을 하여 부를 쌓고, 강한 군대를 만들기에 부족함이 없었다. 이제 이스라엘 백성은 좋은 것을 먹어서 배부르고, 옥토로 인해 기뻐하고, 아름다운 집을 짓고 거주하게 될 것이다(신 8:7-12). 이 모든 것은 애굽 땅에서 종 되었던 시절과 비교가 되지 않는 축복이다.

그런데 하나님은 염려가 되셨다. 인간의 죄악 된 본성 때문이다. 아름답고 풍요로운 땅에서 소와 양이 번성하며 은금이 증식되며 소유가 다 풍부하게 될 때 백성의 마음이 교만하여 하나님 여호와를 잊어버릴까 염려가 되셨다(신 8:13-14). 하나님은 모세에게 백성의 마음이 이렇게 교만해질 것이라고 말씀하셨다.

그러나 네가[이스라엘 백성이] 마음에 이르기를

내 능력과 내 손의 힘으로

내가 이 재물을 얻었다 말할 것이라(신 8:17).

이스라엘 백성을 애굽 땅 종 되었던 집에서 해방시켜 주신 것, 광야 40년 동안 누구도 알지 못하고 조상들도 알지 못하던 만나와 메추라기를 먹여 살리신 것, 의복이 해어지지 아니하고 발이 부르트지 않은 것, 단단한 반석에서 물을 내신 것, 광대하고 위험한 광야 곧 불뱀과 전갈이 있고 물이 없는 건조한 땅을 무사히 지나게 하신 것, 그리고 젖과 꿀이 흐르는 아름다운 약속의 땅을 차지하고 그 땅에서 부요하게 살게 하신 것 등 이 모든 것은 하나님이 하신 일이다(신 8:14-16). 우리의 창고가 가득해지고 내 손으로 하는 모든 일에 복이 내리는 것은 '하나님의 명령'으로 된다(신 28:8).

광야 40년의 시간은 이스라엘 백성이 스스로 노력하여 얻은 것이 하나 없어도 하나님의 은혜만으로도 부족함 없이 살 수 있다는 것을 깨닫고 믿고 확신하게 하는 시간이었다.

그러나 인간의 죄악 된 본성은 고난과 고통에서 벗어나기만 하면 그 즉시 하나님이 하신 일은 잊어버리고 자신의 땀방울 하나로 이 모든 것이 만들어지고 세워졌다며 뿌듯해하고 자랑하고 힘을 준다. 그리고 마음속으로 '내 능력과 내 손의 힘으로 내가 이 재물을 얻었다'라고 말한다.

  하나님이 나를 내 손으로는 아무것도 노력하여 얻을 수 없는 광야로 몰아넣으신 이유도 같았다. 아무것도 할 수 없는 사막 한가운데 있어야, "너희 중에 누가 염려함으로 그 키를 한 자라도 더할 수 있느냐"(눅 12:25), "가장 작은 일도 하지 못하면서 어찌 다른 일들을 염려하느냐"(눅 12:26)라는 말씀이 진리가 된다. "내일 일을 위하여 염려하지 말라 내일 일은 내일이 염려할 것이요 한 날의 괴로움은 그날로 족하니라"(마 6:34)라는 말씀이 위로와 소망이 된다.

  아무것도 할 수 없는 사막 한가운데 있으면 내 죄악 된 본성 속에 깊이 뿌리박혀 사라지지 않는 교만함을 발견하게 된다. 하나님은 나를 가장 낮은 자리까지 끌어내리시고, 그 어떤 사람도 건져 주지 못하는 곳까지 몰아넣으시고, 오히려 사람에게 수치와 부끄러움을 당하게 하셔서, 지금까지 나를 이끌고 보호하고 높인 것이 내 힘과 능력이 아니고, 그 어떤 귀인의 도움도 아님을 기억하게 하셨다. 과거에 겪은 고난에도, 지금 당하는 고난에도, 고난 이후 앞으로도, 나를 구원하시고 높이시고 보호하실 분은 오직 하나님뿐이심을 마음속 깊이 새기게 하셨다.

  하나님이 나를 오랜 시간 주리게 하시고 만나와 메추라기로 먹이시지만 일용할 양식만 주신 이유도 분명했다. 나의 살고 죽음이, 먹고사는 문제까지 하나님께 달려 있다는 것을 잊지 않게 하심이다. 동시에 하나님이 불로소득으로 살게 하시는 까마귀와 백합화보다 몇십 배, 몇백 배 비교되지 않을 정도로 나를 귀하게 여기신다는 것을 잊지 않게 하심이다. 이후로는 무엇을 먹을까, 무엇을 마실까 하여 구하지 않으며 근심하지도 않는 믿음을 길러 주시기 위함이다(눅 12:29). 이런 것들을 구하고 이런 것들 때문에 근심하고 걱정하고 염려하는 것은 하나님을 모르는 세상 백성들이나 하는 행동이라는 것을 잊지 않게 하심이다(눅 12:30).

또한 고난 이후에는 하나님이 주신 소유를 팔아 하나님 나라를 위해 사용하도록 하시기 위함이다. 나의 보물을 썩어지고 구멍 나는 자루에 넣어 이 땅의 창고에 쌓지 말고, 내 마음을 하늘에 두고, 영원히 낡아지지 않는 배낭을 만들어 내 보물을 하늘의 창고에 쌓는 충성스런 청지기가 되게 하심이다(눅 12:33-34).

하나님이 광야의 시간에 불 기둥과 구름 기둥으로 인도하신 것은 내가 평생토록 성령의 도우심으로 죄악 된 본성을 다스리고 하나님의 말씀을 내 발에 등이요 내 길에 빛으로 삼게 하심이다(시 119:105). 고난 이후 내가 얻을 모든 것, 내가 가는 모든 길, 내가 올라서는 모든 반석이 하나님이 주신 축복이고, 하나님의 능력과 하나님의 인도하심에서 나온 것임을 배우게 하심이다. 그래서 고난의 시간, 훈련의 시간이 끝나고, 하나님이 이전보다 더 큰 복을 주시고, 이전보다 더 큰 일에 나를 세우실 때에 하나님 여호와를 기억하고 "하나님이 내게 재물 얻을 능력을 주셨다", "하나님이 나를 높은 곳에 세우시고 큰 일을 맡기셨다"라고 고백하고 기억하고 찬양하게 하심이다.

새로운 사명

고난은 훈련이다. 그래서 하나님은 우리의 고난의 시간이 끝나면 '반드시' 고난 이전보다 더 큰 복을 주신다. 더 큰 일을 맡기신다. 욥을 보라(욥 42:10-17). 고난의 훈련이 끝나자 하나님이 모든 것을 제자리로 되돌려 놓으셨다. 이스라엘을 보라. 400년간 포로 되었던 애굽에서 약속의 땅으로 되돌아오게 하셨다. 70년 바벨론 포로 되었던 곳에서 되돌아오게 하셨다. 그리고 마침내 새로운 복을 주셨다. 나는 이것을 '되돌려 주심의 축복'이라고 부른다.

> 여호와께서 욥의 곤경을 돌이키시고
> 여호와께서 욥에게 이전 모든 소유보다 갑절이나 주신지라
> (욥 42:10).

> 야곱의 포로 된 자들이 돌아오게 하셨으며(시 85:1).

마침내 네게 복을 주려 하심이었느니라(신 8:16).

하나님은 내가 고난의 강을 건넌 후 모든 것을 하나씩 되돌려 제자리에 가져다 놓으셨다. 기업 강의 요청이 다시 들어왔고 출판도 재개되었다. 사람들이 나의 책에 다시 관심을 갖게 하셨다. 경매 위기에 빠졌던 장모님의 집 문제도 해결해 주셨고, 막혔던 재정 문제도 숨통을 열어 주셨다. 내가 계산해 보았더니, 하나님이 나를 고난의 씨름으로 밀어 넣으시려고 낮추시고 가져가신 것만큼 정확하게 다시 되돌려 주셨다. 기가 막힌 일이었다. 놀라운 체험은 더 있었다. 아이들에게 몇몇 위험하고 어려운 일이 닥쳤는데 그때마다 '성령이 우리 가정을 눈동자와 같이 보호하신다'는 것을 깨달을 수 있을 만큼의 '보호하심의 역사'를 체험하게 해주셨다.

뿐만 아니다. 되돌려 주심의 은혜를 넘어서는 더 큰 은혜가 있었다. 하나님이 내가 한국 교회를 위해 더 큰 사역을 할 수 있도록 새로운 길을 열어 주기 시작하셨다. 고난의 시간을 통과하면서 앞으로 남은 인생에 내가 죽도록 헌신하고 충성해야 할 '새로운 비전'을 찾게 해주셨다.

완전히 제로 그라운드에서 다시 시작하는 나에게 하나님이 주신 비전이 『2050 한국 교회 다시 일어선다』에 담겨 있다. 지금까지 나는 한국 교회의 위기를 경고하는 데 바빴다. 그런데 이제 한국 교회에 새로운 희망이 필요하다는 깨달음을 하나님이 주셨다. 그러면서 앞으로 두 번의 부흥을 현실이 되게 할 사명이 나에게 있다는 것도 알게 되었다. 교회 안에서든 교회 밖에서든 말이다. 왜냐하면 두 번의 부흥이 완성되려면 한국 교회만 잘해서 되는 것이 아니라 한국 사회 전체가 맞물려 잘되어야 하기 때문이다.

'한국 교회, 다시 일어선다'는 것은 내 남은 50년에 관한 기도에 하나님이 제시해 주신 방향이다. 지금 우리는 제4의 부흥기를 준비해야 하고, 앞으로 제5의 부흥기가 도래할 텐데 이 기간을 어떻게 이끌어 가느냐에 따라 국가의 미래도, 한국 교회의 미래도 완전히 달라진다.

늘 이야기하듯이, 통일이 언제 올지는 모른다. 하지만 만약 통일이 갑자기 올 경우, 통일 이후 한국 사회가 발전하느냐 쇠퇴하느냐, 한국 교회가 다시 부흥하느냐 완전히 무너지느냐는 그 짧은 몇 년에 달렸다. 따라서 이 일을 누군가는 준비시켜야 하고, 누군가는 방향성을 제시해 주어야 하고, 누군가는 평가를 해야 한다. 그 일이 내 남은 인생의 사명이 된 것이다.

고난 후 되돌려 주시는 은혜

하나님은 나를 밑바닥에 밀어 넣으실 때 내가 장기에서 쓴물을 다 토해 낼 때까지, 더 이상 나 자신을 낮출 수 없는 데까지 밀어 넣으셨다. 세 번째 파산 위기 때였다. 계약했던 출판사에서 계약금을 돌려 달라고 했다. 계약금이 억대가 넘었다. 그런데 그 일이 개인회생 신청 이후 일어났다. 만약 개인회생 신청을 하지 않았다면 다 돌려주어야만 했다.

부끄럽지만, 개인회생 신청을 했다고 솔직하게 말했다. 개인회생 신청을 하면 법원 관리 아래 3년 안에 빚을 다 갚아야 한다. 큰돈이 생기면 다른 채권자들에게 빌린 돈을 먼저 갚아야 하기에 당장은 출판사 쪽에 줄 수가 없었다. 그러니 다 정리되고 3년 후에 주겠다고 했다. 그러면서 3년 후에 위약금을 받거나 집필 원고를 대신 받는 것 중 선택할 것을 제안했다. 결국 후자로 결론을 내리고 잘 마무리되었다.

이제 나는 강의 시장에서 끝난 줄 알았다. 합리적으로 생각해 보면 당연했다. 미국에 5년 있으면서 한국 강의 시장에서 사라졌었다. 사람들은 내가 미국에 체류하고 있는 줄 알았고, 코로나를 겪으면서 더더욱 그러했다. 게다가 강연료가 너무 부담되어 애초에 나를 강사로 부르기를 포기한 기업도 많았다. 심지어 코로나 3년 동안 미래 산업이 쏟아져 나오면서 대체 강사들이 많이 배출되었다.

그런데 놀랍게도 전혀 생각지도 못한 대기업들에서 강의 요청이 들어오기 시작했다. 거의 하나님이 사라지게 하신 금액만큼 강사비가 들어왔다. 기업은 물론 교회 강의나 워크숍 요청도 연달아 들어오면서 차차 회복되었다. 개인회생을 신청하더라도 생활비가 필요했다. 하나님은 일용할 양식을 주셔서 어려운 시기를 버텨나갈 수 있게 해주셨다. 특히 아들이 UCLA 공대에 들어간 것만도 감사한데, 돈이 없는 나의 형편을 다 아시는 하나님이 4만 불이 넘는 등록금에 대하여 전액 장학금을 받게 하셨다.

'아, 이것이 하나님의 되돌려 주시는 은혜구나!'

미래 통찰에 대해서도 하나님의 되돌려 주시는 은혜가 임했다. 어느 날부턴가 아무리 머리를 쥐어짜도 예전의 통찰력과 지혜의 탁월함이 나오지 않았다. 그런데 고난을 통과한 후 하나님이 미래를 보는 통찰력을 회복시켜 주셨고 점점 다시 보이게 하셨다.

결론적으로, 하나님은 가져가신 만큼 놀랍게도 그대로 채워 주셨다. 나는 그 사실을 하나씩 경험했고, 지금도 경험하고 있다. '되돌려 주시는 은혜'라는 표현은 이 모두를 종합한 나의 고백이다. 그런데 실제로 성경에 되돌려 주시는 은혜가 있다는 사실을 확인했다. 그래서 나는 하나님께 여쭤봤다.

"하나님, 도대체 왜 그러셨습니까?"

교만한 나에게 하나님이 또다시 깨닫게 하신 것이 성경에 말씀하신 그대로, "내가 약속했잖아"라는 말씀이었다. 하나님은 성경에 기록된 그 약속 때문에 나에게 되돌려 주신 것이다. 새로운 길을 열어 주신 것이다. 과거 정의롭게 역사하신 하나님은 첨단을 논하는 나의 삶에서도 지금도 동일하게 역사하고 계신다. 하나님은 우리가 고난을 당하면 홍해를 갈라 주시거나, 물 위로 걷게 하시거나, 그것도 아니면 물에 빠진 우리를 건져 주기도 하신다. 그러므로 하나님은 마침내 우리의 삶에서 하나님의 때가 되면, 우리가 배워야 할 것을 다 배우면 다시 되돌려 주신다. 그것도 꿈에도 생각지 못한 경이로운 방법으로 말이다.

물론 이것은 오늘까지 내 삶의 이야기다. 나의 내일의 삶에 하나님이 어떻게 역사하실지는 역시 계산이 안 된다. 그러나 한 가지 확실히 깨달은 것은, 내일 일용할 양식도 내일이 되면 하나님이 주신다는 사실이다. 그래서 우리는 기대하고 나아가야 한다.

그리고 그것이 바로 한국 교회의 소망이다. 우리가 올바로 되돌아와서 하나님이 주신 사명을 발견하고 충성하면 하나님이 리셋해 주신다. 그리고 하나님이 리셋하시는 과정에서 우리는 초심으로 돌아간다. 바로 여기에 하나님이 고난을 주시는 뜻이 있다.

기도에 응답하시는 하나님

되돌려 주심의 은혜를 깨달았을 때 한 가지 불현듯 스치는 생각이 하나 있었다. '그래서 기도를 조심해서 잘해야 한다!'는 것이었다. 나는 전도사 시절에 배우자를 위해 어떻게 기도할까 고민했었다. '그래도 내가 명색이 전도사인데 세상 사람들처럼 얼굴도 예쁘고, 마음씨도 좋고, 똑똑하고, 현명한 여인을 배우자로 달라고 대놓고 기도할 수는 없지 않은가!' 하는 생각이 있었다. 낯 간지럽고 속물 같은 생각이 들었다. "전도사도 조건 보고 배우자를 선택하는 것은 다 똑같네"라는 말은 듣기도 싫었다.

하지만 나도 얼굴도 예쁘고, 마음씨도 좋고, 똑똑하고, 현명한 여인을 배우자로 얻고 싶었다. 그래서 꾀를 냈다. 이 모든 조건이 다 들어 있는 한 단어를 생각해 냈다. '현모양처'였다. 속물처럼 보이지 않는 단어였다. 내심 이런 생각을 한 내가 지혜롭다는 생각이 들었다. 그리고 그날부터 기도했다. "하나님, '현모양처' 같은 여인을 아내로 주옵소서!"라고 말이다.

다시 말한다. 기도는 잘해야 한다. 어느 날 고향에 있는 아버지에게서 전화가 걸려왔다. 갑자기 맞선을 보러 나가라는 내용이었다. 약간 짜증이 났다. '지금이 어느 시대인데 선보러 나가라는 것인가?' 그래도 거역할 수 없어서 알았다고 하고 맞선 자리에 나갔다. 당연히 나는 별 기대도 없었고 대충 시간만 보내고 오자는 심산이었다. 잘 보이려는 마음도 한 치도 없었다. 그래서 옷차림도 아무렇게나 하고 갔다. 청바지에 운동화를 신고 나갔다. 그렇게 만난 한 여인과 차를 마시고 영양가 없는 이야기를 나누었다. 내심 분위기를 봐서 빨리 자리에서 일어나야겠다고 생각했다. 그런데 그때 내가 정말 큰 실수를 하나 하고 말았다. 이 질문을 하지 말았어야 했다. "당신의 꿈은 무엇인가요?"라는 나의 질문에 그 여인은 이렇게 대답했다. "현모양처요!" 세상에! 집에 돌아온 후 그 대답이 밤새 내 머릿속을 맴돌았다. 그리고 내가 하나님께 줄곧 기도했던 내용이 떠올랐다. 결국 그 여인을 다시 만났다. 그 기도 응답의 여인이 바로 아내다.

나중에 알았다. 아내도 그 맞선 자리에 나가는 것이 끔찍이 싫었다고 했다. 아내의 집안에서는 나 같은 전도사나 목사와 맞선을 보라고 20번 정도 소개를 했는데, 그때마다 아내는 전부 거절을 했다. 자기는 절대로 목회자의 아내가 되고 싶지 않았기 때문이다. 하지만 21번째 되는 나와의 맞선 자리는 너무 친한 권사님이 소개해 주시는 바람에 한 번에 거절하기가 힘들었다. 그래서 권사님 체면을 봐서 나처럼 그냥 나가서 만나는 시늉만 하고 돌아오려고 했다.

아내는 내가 만날 장소를 알려 주는 전화를 받고서는 역시 큰 기대도 안 했다. 내 전화 목소리가 낮고 점잖고 묵직해서 '역시 전

형적인 전도사님이구나' 하고 생각했다. 그래서 아내도 나처럼 하나도 꾸미지 않고 맞선 자리에 나왔다. 그런데 내가 양복에 구두를 신고 나오지 않고 청바지에 운동화를 신고 나온 '그 모습'이 너무 의외로 보였고, 자기가 생각하는 전도사와 전혀 다른 모습이어서 신선한 충격을 받았다고 한다.

거듭 말한다. 기도를 잘해야 한다. 하나님은 다 듣고 기억하고 계신다. 결혼하고 알았다. 하나님이 내게 주신 아내는 정말 현모양처다. 사실 얼굴도 예쁘다. 마음씨도 좋고, 똑똑하고, 현명한 여인이다. 역시 내가 기도를 잘했다. (참고로, 아내는 아들 4명을 낳고 난 후부터는 약간 '여전사' 기질도 생겼다. 그래도 변함없는 현모양처다.)

이런 이야기를 하는 이유가 하나 더 있다. 앞서 이야기했듯이, 나는 2018년에 가족과 함께 미국 영주권을 받고 이민을 떠나는 선택을 했다. 미국에서 미래학자로서 해야 할 일이 있었고, 백세시대에 내 나이 50을 넘으면서 '새로운 50년'을 위한 새로운 도전과 비전을 찾고 계획하고 싶었다. 그래서 한국을 떠나 미국으로 향하는 길에 하나님께 기도를 드렸다.

"새로운 미래를 위해 앞으로 5년을 준비하겠습니다. 그 5년의 기간에 남은 반평생을 달려갈 새로운 비전을 세우게 도와주시옵소서."

그런데 막상 미국에 도착하여 생활을 하다 보니 바빠지고, 코로나 팬데믹이라는 대재앙에 휩쓸려 고난에 허우적거리다 보니 그 기도를 잊어버리고 있었다. 그러나 하나님은 나의 기도를 잊지 않고 계셨다. 나의 기도에 응답해 주시기 위해 계속 일하고 계셨다.

창세기 28장을 보면, 야곱이 자기를 죽이려는 형의 칼을 피해 외삼촌 라반의 집으로 도망가는 사건이 나온다. 야곱은 하란으로 향하는 길에 한 곳에 이르러 돌 하나를 베개로 삼고 누워 잠을 청했다. 그리고 꿈을 꾸었다. 사닥다리가 땅 위에 서 있는데 그 꼭대기가 하늘에 닿았고, 하나님의 사자들이 그 위에서 오르락내리락하고 있었다. 그때 여호와 하나님이 그 위에 서서 야곱에게 이렇게 말씀하시는 소리가 들렸다.

> 나는 여호와니 너의 조부 아브라함의 하나님이요
> 이삭의 하나님이라 네가 누워 있는 땅을
> 내가 너와 네 자손에게 주리니 네 자손이 땅의 티끌같이 되어
> 네가 서쪽과 동쪽과 북쪽과 남쪽으로 퍼져 나갈지며
> 땅의 모든 족속이 너와 네 자손으로 말미암아 복을 받으리라
> 내가 너와 함께 있어 네가 어디로 가든지 너를 지키며
> 너를 이끌어 이 땅으로 돌아오게 할지라

내가 네게 허락한 것을 다 이루기까지
너를 떠나지 아니하리라(창 28:13-15).

잠에서 깨어난 야곱은 베개로 삼았던 돌을 가져다가 기둥으로 세우고 그 위에 기름을 붓고 그곳 이름을 '벧엘'이라 하고 이렇게 기도했다.

하나님이 나와 함께 계셔서 내가 가는 이 길에서
나를 지키시고 먹을 떡과 입을 옷을 주시어
내가 평안히 아버지 집으로 돌아가게 하시오면
여호와께서 나의 하나님이 되실 것이요
내가 기둥으로 세운 이 돌이 하나님의 집이 될 것이요
하나님께서 내게 주신 모든 것에서 십분의 일을
내가 반드시 하나님께 드리겠나이다(창 28:20-22).

하지만 야곱은 외삼촌의 집에서 20년을 살면서 자신이 하나님께 드렸던 기도를 까마득하게 잊고 있었다. 심지어 자기 고향으로 되돌아오는 동안에도 그 기도를 잊고 있었다. 야곱은 형이 자기를 죽이려고 군대를 이끌고 달려오는 위기를 겪고 딸 디나로 인해 가족들이 다시 쫓기는 고난을 당한 후에야 비로소 그 기도를 기억했다. 그리고 다시 벧엘로 올라갔다.

> 하나님이 야곱에게 이르시되 일어나 벧엘로 올라가서
> 거기 거주하며 네가 네 형 에서의 낯을 피하여 도망하던 때에
> 네게 나타났던 하나님께 거기서 제단을 쌓으라 하신지라
> (창 35:1).

나도 고난에 빠지자 5년 전의 기도가 생각났다. 하나님이 나를 한순간에 낮추시고 야곱의 씨름에 밀어 넣으신 것은 나의 기도에 응답하신 하나님의 일하심이었다. 내가 남은 생애에 한국 교회를 위해 더 큰 사역을 할 수 있도록 새로운 비전을 깨닫게 하시기 위한 하나님의 일하심이었다.

야곱은 자기 기도를 잊었으나 하나님은 그 20년 동안 야곱의 기도를 한 번도 잊지 않고 계셨다. 하나님은 야곱의 기도를 잊지 않고 응답해 주시기 위해 '계속' 일하셨다. 외삼촌의 집에서 야곱을 지키시고, 먹을 떡과 입을 옷을 주시고, 평안히 아버지 집으로 돌아오게 하셨다. 얼음장 같은 에서의 마음을 녹여 야곱을 구하셨다. 디나의 사건으로 가나안 족속과 브리스 족속 전부에게 쫓기는 위험 속에서 야곱을 구하셨다(창 35:5). 그리고 새로운 약속을 주셨다. 야곱에게 '이스라엘'이라는 더 큰 이름과 비전을 주셨다.

야곱이 밧단아람에서 돌아오매

하나님이 다시 야곱에게 나타나사 그에게 복을 주시고

하나님이 그에게 이르시되 네 이름이 야곱이지마는

네 이름을 다시는 야곱이라 부르지 않겠고

이스라엘이 네 이름이 되리라 하시고 그가 그의 이름을

이스라엘이라 부르시고 하나님이 그에게 이르시되

나는 전능한 하나님이라 생육하며 번성하라

한 백성과 백성들의 총회가 네게서 나오고

왕들이 네 허리에서 나오리라

내가 아브라함과 이삭에게 준 땅을 네게 주고

내가 네 후손에게도 그 땅을 주리라 하시고(창 35:9-12).

하나님이 미래학자에게 주신
새로운 비전

고난의 시간을 거쳐 하나님도 내게 새로운 비전을 주셨다. 앞서도 짧게 기술했지만, 하나님이 미래학자인 내게 주신 새로운 비전은 "한국 교회에 하나님이 예비하신 제4, 5의 대부흥기가 온다"는 소망을 널리 전하고 외치는 것이다. 이 두 번의 대부흥기가 어떤 모습인지 구체적으로 묘사하고, 이 두 번의 부흥기를 한국 교회가 맞으려면 무엇을 준비해야 하고, 무엇을 이루어야 하는지 등을 책으로, 강의로, 설교로, 미래 전략으로 제시하는 것이 나의 평생의 사명이다.

지난 17-18년은 한국 사회에서 미래학자로서의 자리매김이라는 제1단계였다면, 지금은 제2단계로 도약한 것이다. 그러면서 하나님이 나에게 주신 키워드가 '두 번의 부흥'이다. 내가 앞으로 두 번의 부흥에 대해서 더욱 연구하면서 통일 시나리오를 쓰려는 이유도 바로 여기에 있다. 이것은 단순히 희망 정도가 아니다. 그 정도는 미래학자이자 목회자인 내가 아니라 대형 교회 목회자라면 누구든 할 수 있다. 진짜 필요한 것은 구체적인 시나리오와 전략이다. 그리고 많은 사람에게 영적으로 동기를 부여할 뿐만 아니라 실질적으로 동기를 부여하는 것이다. 둘 다 필요하다.

교회 안과 밖의 모든 상황을 정확하게 알아서 양쪽의 전문성을 가지고 이야기해 줄 수 있는 사람, 그래서 그 내용이 일반 사회에서 기업 경영인들은 물론 국가 지도자들도 귀담아들을 정도의 전문성을 가진 사람, 동시에 목회적이고 영적으로 균형이 맞는 방향성을 가진 사람이 필요하다. 하나님은 그 사람으로 바로 나를 선택하셨다.

하나님은 내 인생의 제1단계에서는 40대 초반에 순식간에 최고의 자리에 올려놓으셨고, 두 번째로 쓰시기 위해서는 최고의 순간에 나를 가장 밑으로, 다시 광야로 밀어 넣으셨다. 그리고 내가 드린 기도를 나는 잊었지만 하나님은 기억하고 계셨다가 리셋해 주셨다.

나는 하나님 앞에 "왜?"라는 질문을 굉장히 많이 던졌다. 이 책에 기록된 모든 성경 해석은 "왜?"라는 질문에 대한 깨달음이다. 성경을 들어서 썼지만 전부 다 내 고백이다. 시편의 90%는 고난을 겪는 저자들의 진정한 고백이다. 이 책에 기록된 나의 고백도 모두 진짜다. 다윗은 마지막에 하나님을 다시 만난다. 야곱도 마찬가지다. 그때 하나님은 그에게 다시 새로운 비전을 보여 주셨는데, 나에게도 주셨다. 고난의 마지막 끝자락에서 하나님이 주신 키워드가 바로 '두 번의 부흥'이다.

하나님은 내가 이 일을 시작할 준비가 되도록 고난의 훈련을 시키셨다. 이 일을 하기 위해서는 흔들리지 않는 믿음, 하나님의 경이로운 일하심의 경험, 새로운 소망, 참 소망의 경험이 필요하다. 이 일은 내 안에서부터 하나님에 대한 더 깊고 놀라운 경험과 확신이 없으면 안 되는 일이다. '광야의 고난'과 고난 이후 '매인 것을 풀어 주심의 은혜', '되돌려 주심의 은혜', 그리고 '나보다 앞서 일하시는 하나님에 대한 체험'이 없으면 시작할 수 없는 일이다.

새로운 키워드: 두 번의 부흥

한국 교회의 시작은 1885년 4월 5일 부활주일 아침이었다. 미국 장로교 소속 헨리 아펜젤러 선교사와 감리교를 대표하는 호레이스 언더우드 선교사가 조선 제물포항에 첫발을 내딛고 복음 전파를 시작한 날이다. 그날 이후 한국 교회는 138년 역사에 세 번의 대부흥기를 경험했다.

나는 한국 교회의 첫 번째 대부흥기를 '사도행전 부흥기'라고 부른다. 한국 교회는 조선 말기의 혼란기와 일제 강점기라는 민족의 고통 시기를 함께하며 절망하는 백성에게 새로운 소망을 선포했다.

제1차 대부흥기의 상징적 사건은 '평양대부흥운동'이었고, 핵심 특징은 '열정적인 성경 읽기'였다. 제2차 대부흥기는 1950년 발발한 6·25전쟁을 전후로 시작되었다. 제2차 대부흥기의 가장 중요한 특징은 제1차 대부흥기에 평양을 중심으로 형성된 북쪽 그리스도인들의 강력한 신앙과 열정이 남북 분단과 6·25전쟁을 계기로 남쪽으로 전수된 것이다. 제2차 대부흥기에는 신유와 축사 등 성령 사역과 부흥회, 기도원 사역 등이 활발했고 초교파적으로 시작된 민족복음화운동도 일어났다.

제3차 대부흥기는 1970년대 한국 경제 부흥기 시작과 6·25전쟁 이후 베이비부머 세대 등장으로 인한 인구 성장 수혜로 1990

년대까지 만들어졌다. 제3차 대부흥기를 촉발시킨 결정적 사건은 빌리 그레이엄 전도 집회였다. 제3차 대부흥기의 특징은 거대한 대중 집회들이 연달아 개최되며 강렬하고 거대한 복음의 물결이 전국으로 퍼져 간 것이다.

한국 교회는 세 번의 대부흥기마다 적게는 2-3배(제2, 3차 대부흥기), 많게는 10배 이상(제1차 대부흥기) 성도 수가 증가하는 폭발적 성장을 경험했다. 한국 교회는 세 번의 대부흥기를 맞으며 전 세계에서 가장 빠르게 성장한 교회였고, 세계 30대 교회에 속하는 다수의 교회를 배출했으며, 인류 역사상 가장 큰 단일 교회도 탄생시켰다. 1990년대에는 전 세계 기독교와 선교의 미래를 짊어질 나라라는 평가도 받았다.

하지만 한국 교회는 2000-2010년 사이를 기점으로 총 교인 수 감소라는 대반전을 맞았다. 일부 목회자의 성윤리 문제, 돈에 대한 탐욕, 교회 권력의 다툼, 시대에 맞지도 않고 성경적이지도 않은 타 종교를 향한 현대판 십자군 전쟁의 문제, 타락한 중세 시대에나 있었던 교권의 절대화 문제 등이 터져 나왔다. 한국 교회의 회개와 한국 교회를 향한 부정적 평가와 공격이 안팎에서 터져 나왔다. 2020-2022년에는 '코로나19'라는 전염병 팬데믹 사태를 맞으며 양적 쇠퇴 가속화의 위기에 직면했다.

10년 전, 나는 성장이 멈춘 한국 교회를 향해 '다가오는 위기'

를 예측하고 경고했다. 하나님이 원하시는 것은, 한국 교회가 다시 살길은 회개요, 첫사랑의 회복이고, 복음의 본질로 되돌아가고, 새로운 시대적 소명을 감당하는 것이라고 외쳤다. 그렇지 않으면 "한국 교회는 존립 자체가 흔들릴 수 있는 엄청난 위기 속으로 빠져들어 갈 것이다"라고 외쳤다. 하지만 지금이라도 '갱신'을 한다면 한국 교회는 위기를 극복할 잠재력이 충분하다고 역설했다. 그리고 앞으로 10년이 한국 교회에 매우 중요한 시간이라고 말했었다.

그 이후로 10년이라는 시간이 지났다. 내 눈에 비친 한국 교회는 갱신은 없고 패배주의만 만연했다. 나는 절망했다. 나 같은 미래학자가 위기를 예측하고 경고하는 것은 패배를 선언하는 것이 아니다. '그런 미래'가 오지 않도록 대비하자는 의미다. 당시 한국 교회가 받는 조롱과 멸시, 쇠퇴의 징조들은 하나님이 우리에게 보내시는 경고의 메시지였다. 요한계시록 2장에서 주님이 이스라엘 백성에게 하신 경고는 한국 교회를 향한 메시지이기도 했다.

> 그러므로 어디서 떨어졌는지를 생각하고 회개하여
> 처음 행위를 가지라 만일 그리하지 아니하고
> 회개하지 아니하면 내가 네게 가서 네 촛대를
> 그 자리에서 옮기리라(계 2:5).

지난 10년 한국 교회는 이런 경고와 예측에도 불구하고 우리가 어디서 떨어졌는지, 무엇을 잘못했는지를 생각하고 하나님께로 되돌아가는 일을 하지 못했다. 나는 절망했고 두려웠다. 하나님이 한국 교회를 내가 예측한 미래보다 더 끔찍하고 어두운 미래로 몰고 가실 수도 있다는 두려움이었다.

나의 눈에는 이런 긴급한 상황이 진행되고 있었는데, "하나님이 보호하시니 한국 교회에는 그런 암울한 미래가 일어나지 않을 것이다"라고 말하는 이들마저 있었다. 어떤 이들은 "한국 교회의 미래를 너무 부정적으로만 본다"고 되받아쳤다. 안타깝고 가슴 아팠다. 감히 말하지만, 그런 말을 하는 이들은 여호야김 4년(주전 605년)에 거짓 평화를 예언했던 이들과 같다.

여호야김 4년, 선지자 예레미야는 회개하지 않으면 하나님이 바벨론 느부갓네살을 들어 유다를 공격하여 멸망시키시고 이스라엘 백성이 바벨론으로 끌려가 70년 동안 포로 생활을 하게 하실 것이라는 어둡고 두려운 미래를 예언했다. 그러자 수많은 거짓 평화를 예언하는 이들이 들고 일어나서 예레미야를 공격했다. 그런 재앙은 절대로 우리에게 임하지 않을 것이라고 말하고, 이대로 살아도 아무 문제가 없고 평안할 것이라고 백성을 속였다. 헛된 것을 가르쳤다.

> 만군의 여호와께서 이와 같이 말씀하시되
> 너희에게 예언하는 선지자들의 말을 듣지 말라
> 그들은 너희에게 헛된 것을 가르치나니
> 그들이 말한 묵시는 자기 마음으로 말미암은 것이요
> 여호와의 입에서 나온 것이 아니니라
> 항상 그들이 나를 멸시하는 자에게 이르기를
> 너희가 평안하리라 여호와의 말씀이니라 하며
> 또 자기 마음이 완악한 대로 행하는 모든 사람에게 이르기를
> 재앙이 너희에게 임하지 아니하리라 하였느니라(렘 23:16-17).

선지자 예레미야는 회개하지 않는 나라와 백성을 보고 절망했을 것이다. 낙심했을 것이다. 고통의 시간을 지나면서 절망하고 있던 나에게 하나님은 새로운 미래를 깨닫게 하셨다. 성경을 읽고 기도하는 중에 하나님은 포로기에도 선지자를 통해 이스라엘의 부흥과 구원을 예언하시고 소망을 주셨다는 것에 뜨거운 감동을 받았다. 이스라엘이 스스로 회개하지 않자 하나님이 이스라엘을 포로로 잡혀가게 하셔서 회개하고, 첫사랑을 회복하고, 하나님만이 우리의 구원이시라는 믿음과 소망을 회복하도록 만드셨다는 것을 깨달았다.

그리고 한국 교회도 그렇게 하실 것이라는 소망이 일어났다.

하나님이 계획하신 바벨론 포로기 70년이라는 때가 차매 하나님이 이스라엘을 귀환시켜 다시 회복하신 것처럼 한국 교회도 '하나님의 때'가 되면 반드시 새로운 부흥과 회복을 일으키실 것이라는 소망이 일어났다. 한국 교회에 최소한 두 번의 대부흥기가 남아 있다는 소망이 일어났다.

> 여호와의 말씀이니라 칠십 년이 끝나면
> 내가 바벨론의 왕과 그의 나라와 갈대아인의 땅을
> 그 죄악으로 말미암아 벌하여 영원히 폐허가 되게 하되
> 내가 그 땅을 향하여 선언한 바
> 곧 예레미야가 모든 민족을 향하여 예언하고
> 이 책에 기록한 나의 모든 말을
> 그 땅에 임하게 하리라(렘 25:12-13).

하나님 편에서는 '늦음'이란 없다. 지금이라도 우리가 어디서 떨어졌는지, 무엇을 잘못했는지 깨닫고 회개하고 돌이켜 갱신의 길을 간다면 하나님은 지금보다 더한 위기 속에서도 한국 교회를 다시 일으키신다. '되돌아오는 자들'을 중심으로 새로운 부흥기를 펼치실 것이다.

하나님은 내게 제5의 대부흥기의 결정적 계기는 '통일'이 될 것

이라는 마음을 주셨다. 한국 교회 제2의 부흥기 평양대부흥운동의 영적 힘이 6·25전쟁을 계기로 남쪽까지 퍼져서 제3의 가장 강력한 대부흥기를 만들었다. 내 마음속에 한국 교회의 제5의 대부흥기도 이와 같을 것이라는 확신이 들었다.

통일이 일어나면 독재와 폭력과 억압 속에서 목숨을 걸고 지킨 북쪽 그리스도인들의 순수하고 뜨거운 신앙의 물결이 한반도 전체로 퍼지면서 놀라운 대부흥기가 펼쳐질 것이다. 제4의 대부흥기는 이것을 준비하는 부흥기다. 이를 위해서 하나님은 남쪽 한국 교회의 영성을 다시 세우실 것이다. 한국 교회가 다시 여호와 하나님께로 되돌아가는 역사가 일어날 것이다. 다시 낫게 하시는 역사, 하나님이 우리를 치셨지만 다시 싸매 주시는 역사가 일어날 것이다. 이것이 회복이고 부흥이다.

> 오라 우리가 여호와께로 돌아가자
> 여호와께서 우리를 찢으셨으나 도로 낫게 하실 것이요
> 우리를 치셨으나 싸매어 주실 것임이라(호 6:1).

나는 하나님이 이미 정하신 한국 교회의 미래, 제4, 5의 대부흥기가 왜 오는지, 어떻게 오는지, 어떤 모습인지, 우리가 무엇을 해야 할지를 연구하고 예측한다. 한국 교회는 통일 이후 독일 교

회가 했던 일보다 더 많은 일을 해야 한다. 하나님은 그것이 무엇인지 연구하고 예측하는 일을 내게 맡기셨다.

어떤 이들은 "한국 교회가 무너지고 있는데 앞으로 두 번의 대부흥기가 어떻게 올 수 있는가?"라고 말할 수 있다. 그렇다. 앞으로 두 번의 대부흥기는 우리의 힘으로 되지 않는다. 하나님의 의지로만 된다. 그리고 하나님이 하실 것이다. 하나님은 친히 한국 교회에 다시 한 번 성령의 불을 일으키셔서 우리가 하나님께로 되돌아가게 만드실 것이다(애 3:40, 5:21; 호 6:1).

이런 새로운 사명을 깨닫고 나서 내 마음에 불현듯 한 가지 질문이 생겼다.

'하나님이 나에게 이렇게까지 하시는 이유가 무엇일까?'

나는 이 질문에 대한 정답을 성경을 읽으면서 발견했다. 하나님이 우리에게 일방적으로 해주신 약속 때문이다. 아브라함이 하나님을 알지도 못할 때 직접 부르시고 주신 약속, 아브라함이 이삭의 목숨도 아끼지 않았을 때 주신 약속, 야곱이 하나님과 씨름할 때 일부러 져 주시면서 하신 약속, 예수 그리스도를 십자가의 죽음에 내어 주실 때 주신 약속, "내가 너를 죄에서 해방하고, 구속하고, 내 자녀, 내 백성, 내 상속자로 삼겠다"라는 약속 때문이다.

이같이 하심은 네 조상들에게 맹세하신 언약을
오늘과 같이 이루려 하심이니라(신 8:18).

적은 무리여 무서워 말라 너희 아버지께서 그 나라를
너희에게 주시기를 기뻐하시느니라(눅 12:32).

  이 사실을 깨달으니 모든 퍼즐이 맞춰졌다. 광야의 시간을 두려워할 필요가 없다. 광야의 시간, 고난의 시간은 온전한 축복의 시간이다. 그래서 힘들지만 견뎌 내야 한다. 아니, 견뎌 내면 된다. 하나님의 자녀에게 고난은 죽음의 장소가 아니다. 회복의 장소다. 광야는 나를 다시 태어나게 하는 곳이다. 새로운 비전을 발견하는 장소다. 사울을 바울로 다시 태어나게 한 곳도 광야였다(갈 1:17). 바울이 새로운 비전을 찾은 곳도 광야다. 예수님도 공생애를 시작하기 전에 40일 동안 광야에 머무셨다. 그러니 "하나님, 왜 나에게만 이런 고난을 주십니까? 왜 광야의 길을 걷게 하십니까?"라고 소리칠 필요가 없다.

  예수님도 40일간 광야에서 묵묵히 기도하면서 세 가지 시험을 이기셨다(눅 4:1-13). 광야에 들어서면 우리도 시험을 받는다. 하나님이 지금 당장이라도 돌덩이를 돈으로 바꿔 주시면 되지 않을까? 사람을 섬기면 원하는 바를 얻을 수 있을 것 같은 유혹을 받는다. 하나님의 능력을 시험해 보고 싶은 유혹도 받는다. 너무 절박해서 유혹을 이기기가 쉽지 않다. 예수님은 인간이 경험할 수 있는 최고의 유혹 세 가지를 모두 이기셨다. 어떻게 이겨야 하는지에 대한 모범을 보여 주셨다. 광야의 시간에 우리는 이런 유혹을 이기는 훈련을 받는다. 성령의 도우심으로 이기는 체험을 한다. 그래서 광야는 이전보다 나를 더 성장시키는 곳이다.

이스라엘의 40년간의 광야 시간도 마찬가지였다. 고통의 장소였지만 그 어느 시절보다 기사와 표적이 많이 일어났던 곳이 광야다(행 7:36). 그 어느 때보다 하나님의 살아 계심을 많이 체험한 곳이었다. 우리의 광야 시간도 마찬가지다. 그리고 이 훈련이 끝나면 우리도 약속된 복을 받고 사도 바울처럼 이전보다 더 큰 일에 쓰임 받는다. 하나님이 다시 세우시면 나중 영광이 이전 영광보다 크다(학 2:9).

하나님은 하나님의 일을
하나님의 방법으로 하신다

하나님은 고난 이후 나에게 되돌려 주시는 은혜를 넘치도록 베푸셨다. 아들이 대학 장학금을 받은 것부터 시작해서 최근 총신

대학교에 미래연구소를 세우게 하심으로 향후 신학교와 연합해 미래학자로서 한국 교회를 위해서 공식적으로 더욱 일할 수 있는 장이 마련되었다. 놀라운 하나님의 은혜다.

그러나 되돌려 주시는 은혜와 관련해 내가 하고 싶은 이야기가 있다. 그 일련의 은혜는 내가 고난을 겪고 나서 하나님께 돌아왔기 때문에 하나님이 나에게 베푸신 기적이 아니라는 것이다. 그 은혜는 나의 어떠함과 전혀 상관없이 하나님이 이미 예비하시고 앞서 행하신 일이다. 즉 내가 행한 일에 대한 하나님의 대가가 아니라, 그것과 상관없이 하나님이 예비하신 것이다. 단지 고난을 통과하면서 영적인 눈이 열린 내가 예전에 보지 못하던 것들을 깨달았고, 그것들이 선물이었다는 것을 알게 되고 보기 시작한 것이다.

우리는 흔히 '내가 이렇게 했더니 하나님이 이것을 주셨더라'라고 생각하는 경향이 강하다. 그렇다면 거꾸로, '내가 그 일을 안 하면 하나님은 안 주시는 분인가?'라는 의문이 들 수밖에 없다. 그렇지 않다. 하나님은 나의 어떠함과 상관없이 하나님의 일을 하나님의 방법으로 하신다. 따라서 앞으로 일어날 모든 일도 나의 어떠함과 상관없이 하나님은 하나님의 일을 하나님의 방법으로 하신다는 사실을 반드시 기억해야 한다. 그러므로 낙심하지 말자. 지금 고난을 당하고 있더라도 염려하지 말자.

이제 고난을 통과했으니까 하나님이 되돌려 주실 것이고, 그것은 하나님이 나의 충성스러움에 감동하셔서 베풀어 주시는 은혜라고 생각해서는 안 된다. 하나님이 이미 지금까지 내 인생을 그렇게 인도해 주셨는데, 다만 내가 고난을 겪음으로써 영의 눈이 열려서 하나님의 은혜로 보게 된 것일 뿐임을 명심하자.

하나님의 되돌려 주시는 은혜는 특별한 사람만 누리는 경험이 아니다. 누구나 다 경험할 수 있으며, 단지 우리가 보지 못하고 깨닫지 못하고 있는 것뿐이니 염려하지 말자. 힘을 내자. 하나님은 우리의 삶을 인도하시고, 하나님의 계획대로 이끌어 가시고, 필요하면 언제든지 구해 주시고, 고난에서 건져 주신다. 이는 이미 정해져 있는 사실이고 앞으로도 하나님은 그렇게 일하신다.

BOOK in BOOK 2

고난의 때에 최강 무기는
'기도, 좀 더 기도, 더 많은 기도'

고난을 당하면?
기도하라

> 여호와께서 하늘에서 인생을 굽어살피사
> 지각이 있어 하나님을 찾는 자가 있는가 보려 하신즉(시 14:2).

고난을 헤쳐 나가는 기술 중의 기술은 '기도'다. 한국 교회의 한 유명한 목사님이 빌리 그레이엄 목사님이 돌아가시기 전에 만나서 질문을 했다고 한다.

"목사님의 놀라운 전도 사역이 어떻게 가능했고, 한국 교회가 다시 회복되려면 어떻게 해야 합니까?"

이에 그레이엄 목사님은 세 마디 말을 했다고 한다.

"Pray, more Pray, much Pray"(기도, 좀 더 기도, 더 많은 기도입니다).

다윗도 자기 삶의 비결을 이렇게 고백했다.

나는 기도할 뿐이라(시 109:4).

그의 귀를 내게 기울이셨으므로
내가 평생에 기도하리로다(시 116:2).

고난 중에 있는가? 기도하라(Pray). 좀 더 기도하라(more Pray). 더 많이 기도하라(much Pray). 하나님이 내게 귀 기울이고 계신다. 온전한 것, 참된 것, 진짜 좋은 것은 하나님으로부터만 온다. 여호와께서 하늘에서 인간을 굽어살피사 하나님을 찾는 자가 있는지 보고 계신다. 예수님도 우리의 기도 가운데 함께한다고 약속하셨다.

온갖 좋은 은사와 온전한 선물이
다 위로부터 빛들의 아버지께로부터 내려오나니
그는 변함도 없으시고 회전하는 그림자도 없으시니라(약 1:17).

진실로 다시 너희에게 이르노니 너희 중의 두 사람이
땅에서 합심하여 무엇이든지 구하면 하늘에 계신 내 아버지께서
그들을 위하여 이루게 하시리라 두세 사람이 내 이름으로
모인 곳에는 나도 그들 중에 있느니라(마 18:19-20).

여호와께서는 자기에게 간구하는 모든 자
곧 진실하게 간구하는 모든 자에게 가까이하시는도다
(시 145:18).

기댈 곳이 세상 어디에도 없는가? 기도하라. 억울한가? 기도해야 한다(시 109:4). 아니, 하나님이 그렇게 만드셨으니 기도하면 된다. 참새 두 마리가 한 앗사리온에 팔리는 것도 하나님의 허락이 없으면 안 된다(마 10:29). 하나님은 나의 머리털까지 다 세시는 분이시다(마 10:30). 나의 고난도 하나님의 허락이 있었기에 일어난 일이다. 그러니 골방에 들어가 기도하라. 시편 기자의 고백처럼, 여호와께 피하는 것이 사람을 신뢰하는 것보다 나으며 여호와께 피하는 것이 고관들을 신뢰하는 것보다 낫다(시 118:8-9). 고난 때문에 분을 내고 불평하지 말아야 한다. 악을 만들 뿐이다(시 37:8). 골방으로 들어가는 것은 내 중심이 진실하게 하나님을 찾는다는 상징이다(시 51:6).

외식하는 자들은 회당과 큰 거리에서 기도하기를 좋아한다. 남들에게 기도하는 사람으로 보이기를 좋아하기 때문이다. 고난을 통과하지 않은 기도는 외식적 기도가 되기 쉽다. 고난에 빠져 보라. 스스로 큰 길거리에 나가지 않는다. 큰 길거리가 싫어진다. 남들에게 보일 겨를이 없다. 내 기도를 자랑할 마음도 없어진다. 가장 편안한 곳이 골방이다.

외식하는 자들은 금식할 때 슬픈 기색을 일부러 보인다. 많은 사람이 내가 금식하고 있다는 것을 알게 하기 위해 얼굴을 흉하게 하고 다닌다(마 6:16). 티를 내도 소용없다. 하나님만이 유일한 해결책이시다. 주님은 금식하고 고난의 기도를 하는 시간을 보낼 때 "머리에 기름을 바르고 얼굴을 씻으라"(마 6:17)라고 말씀하셨다. 우리의 기도는 사람을 향하는 것이 아니라 하나님을 향하는 것이기 때문이다. 주님은 고난의 시간에 골방에서 은밀하게 기도하라고 하셨다. 오직 은밀한 중에 계신 우리 아버지께만 내가 기도하는 모습이 보이게 하라고 하셨다. 하나님과의 씨름만이 중요하고 모든 것은 다 부질없고, 하나님과의 씨름만이 유일하며, 은밀한 중에 보시는 우리 아버지께서만 갚아 주시기 때문이다(마 6:18).

은밀한 곳에서 구하라. 그리하면 주실 것이다. 찾으면 찾아낼 것이요, 문을 두드리면 열릴 것이라는 말씀은 진리다(마 7:7-8). 기도는 마음에 평안을 얻기 위한 의식이나 주술이 아니다. 기도는 능력이다. 지금도 성취되는 약속이다. 주님이 하나님이 가장 싫어하시는 '악한 자'의 비유를 들어 가면서까지 강조하신 '아버지로서의 약속'이다.

> 너희 중에 누가 아들이 떡을 달라 하는데 돌을 주며
> 생선을 달라 하는데 뱀을 줄 사람이 있겠느냐
> 너희가 악한 자라도 좋은 것으로 자식에게 줄 줄 알거든
> 하물며 하늘에 계신 너희 아버지께서 구하는 자에게
> 좋은 것으로 주시지 않겠느냐(마 7:9-11).

이 믿음을 가지고 백부장은 "주여…말씀으로만 하옵소서 그러면 내 하인이 낫겠사옵나이다"(마 8:8)라고 구했다. 그리고 하인의 중풍병이 치료되는 기적을 체험했다. 이 약속을 붙잡고 두 맹인은 "다윗의 자손이여 우리를 불쌍히 여기소서"(마 9:27) 하고 주님을 찾았다. 이 믿음을 가지고 나병 환자는 주님 앞에 나아와 절하며 "주여 원하시면 저를 깨끗하게 하실 수 있나이다"(마 8:2) 하고 간구했다. 그리고 치유받았다.

"네 믿은 대로 될지어다"(마 8:13)라는 말씀은 "구하는 이마다 받을 것이요 찾는 이는 찾아낼 것이요 두드리는 이에게는 열릴 것이니

라"(마 7:8)라는 말씀과 동일한 의미다. 믿음이 있어야 구할 수 있다. 믿음이 있어야 찾을 수 있다. 믿음이 있어야 두드릴 수 있다. 하나님은 말씀하시면 그대로 된다. 우리는 믿으면 그대로 된다. 우리에게 이런 믿음이 겨자씨만큼이라도 있다는 것을 하나님 앞에 보이는 행위가 골방에 들어가 기도하는 것이다.

주님은 중언부언 기도하지 말라고 하셨다(마 6:7). 이런 기도는 이방 신을 섬기는 사람들이나 하는 행위라고 하셨다. 그들은 신이 말을 많이 해야 듣는다고 생각한다. 하나님과 나의 기도에 있어서는 유창한 언어가 중요하지 않다. 구해야 할 목록이 중요하지 않다. 하나님은 구하기 전에 나에게 있어야 할 것을 이미 다 아신다(마 6:8). 그렇다고 기도가 짧아도 된다는 말로 오해하지 말라. 언제는 "구하고 찾고 두드리라"고 가르치시고는 뒤돌아서서는 이런 행동이 가치가 적다고 말씀하신 것도 아니다. 주님은 우리에게 기도의 본질을 가르쳐 주신 것이다. 기도의 본질은 하나님만 붙듦이다. 하나님만이 나의 유일한 해결책이심을 고백하는 것이다.

"Pray, more Pray, much Pray"의 또 하나의 의미는 "간절히, 더 간절히, 더욱 간절히"다. 기도 시간의 길이가 아니다. 간절한 기도는 기도의 양을 넘어선다. 마음이 부서지는 기도다. 마음이 애절하게 끓는 기도다. 뼈가 녹아내리는 듯한 기도다. 온 우주 한가운데 하나님과 나만 존재하는 기도다. 모든 것이 다 부질없고 하나님과 유일한 씨름만 있는 기도다.

　기도는 나를 사랑하시는 하나님이 일부러 나를 위해 져 주시는 씨름이다. 그러니 기도 시간은 하루 중 가장 행복한 시간이어서 기도하는 것이다. 기도는 나를 하나님께 집중시키는 유일한 방법, 유일한 시간이기 때문에 기도하는 것이다. 하루 종일 하나님과 동행하지만 기도 시간은 아무런 방해도 받지 않고 온전히 하나님만 생각할 수 있는 시간이기에 기도하는 것이다. 기도하는 기쁨은 여호와께서만 하나님이시고 그 외에는 없는 줄을 아는 사람만이 맛보는 기쁨이다(왕상 8:60). 기도는 하나님을 불러 내는 미신적 행위가 아니다. 자기를 내려놓고 하나님의 때와 섭리를 기다리는 행위다. 기도는 하나님의 얼굴을 찾는 행위다(시 27:8).

기도 응답을 받는 방법과
기도 응답을 받지 못하는 이유

　하나님은 우리에게 "고난을 당하느냐? 그러면 기도하라"고 말씀하신다(약 5:13). 모든 육체가 기도를 응답하시는 하나님께 나오라고 말씀하신다(시 65:2). 기도 응답을 받는 방법도 간단하다.

첫째, 약속의 말씀 위에서 기도하면 된다. 하나님은 약속을 한 번도 어기신 적이 없다. 하나님은 절대 틀리지 않으신다. 이런 하나님을 알고 깨닫고 믿고 기도하면 응답을 받는다. 하나님은 그 하나님을 믿고 하나님의 뜻대로 '담대하게' 기도하라고 말씀하신다(요일 5:14). 하나님의 약속을 붙잡고 하는 기도는 무엇이든지 응답하겠다고 말씀하신다(요일 5:15). 이렇게 기도하는 사람은 좋은 땅에 떨어진 씨앗과 같은 사람이다(마 13:8).

둘째, 예수님의 이름으로 기도하면 응답 받는다. 주의 이름에는 권세가 있다. 예수님이 "내가 너희를 도무지 알지 못하니 불법을 행하는 자들아"라고 말씀하신 이들도 주의 이름으로 귀신을 쫓아내며 주의 이름으로 많은 권능을 행했다(마 7:22-23). 하물며 우리는 어떠할까. 내가 기도하면 그것이 예수님의 기도가 되고 하나님이 들으신다. 예수님의 능력이 역사한다.

예수님도 자신의 이름으로 아버지께 기도하면 구하는 것이 '기필코' 응답 받게 해주겠다고 약속하셨다(요 15:16). 하나님 아버지께서도 우리가 기도하여 구하는 것을 예수님의 이름으로 주겠다고 약속하셨다(요 16:23). 사도들도 "표적과 기사가 거룩한 종 예수의 이름으로 이루어지게 하옵소서"(행 4:30)라고 기도했다. 예수님이 나를 대신해서 기도하시고 응답을 주시는 이유는 아버지께서 아들이신 예수 그리스도로 말미암아 영광을 받으시게 하려 하심이다(요 14:13).

다시 말한다. 내가 기도하고 예수님이 내 기도가 응답 받게 하시면 하나님이 영광을 받으신다. 하나님의 영광이 이 땅에 널리 퍼지기 위해 하늘로부터 기도 응답이 내려오는 것이다. 그렇기 때문에 우리가 죄인이라도 예수 그리스도의 의로 인 치심을 받은 우리가 믿음으로 기도하면 역사하는 힘이 크다(약 5:15-16). 기도하라.

엘리야는 우리와 마음과 모습이 똑같은 사람이지만 그가 비가 오지 않기를 간절히 기도하니 3년 6개월 동안 땅에 비가 오지 않았다. 그리고 그가 다시 기도하니 하늘이 비를 주고 땅이 열매를 맺었다(약 5:17-18). 보통 사람, 보통 성도의 기도도 이 땅의 일에서 역사한다는 의미다.

> 내 이름으로 무엇이든지 내게 구하면
> 내가 행하리라(요 14:14).

"기도 응답이 이렇게 쉬운가?"라고 질문할 수 있다. 그렇다. 이렇게 쉽다. 그런데도 기도 응답을 받지 못하고 있는가? 그렇다면 3가지 이유 때문이다.

첫째, 구하지 않아서다(요 16:24). 구하지 않는 사람은 길가에 떨어진 씨앗과 같은 사람이다(마 13:4). 기도하면 응답을 주신다는 말씀을 들었지만 마음 깊이 와닿지 않아서 새들이 와서 먹어 버린 사람이다.

둘째, 구하고 의심해서다. 구하고 의심하는 사람은 흙이 얕은 돌밭에 떨어진 씨앗과 같은 사람이다(마 13:5-6). 이런 사람은 기도하라는 말씀을 듣고 기도는 하지만 믿음의 뿌리가 깊지 않아 의심하여 해가 돋은 후에 타서 말라 버린 사람이다.

셋째, 정욕에 쓰려고 잘못 구해서다. 이런 사람은 가시떨기 위에 떨어진 씨앗과 같은 사람이다(마 13:7). 정욕과 욕심이라는 가시가 자라서 기도 응답의 기운을 막아 버린 사람이다. 예수님이 나를 대신해서 기도하시고 응답을 주시는 이유는 아버지께서 아들이신 예수 그리스도로 말미암아 영광을 받으시게 하심이라고 했다(요 14:13). 기도 응답의 최종 목표가 하나님의 영광이니, 내가 정욕에 쓰려고 구하는 기도는 하나님이 응답해 주지 않으시는 것이 당연하다.

> 너희가 얻지 못함은 구하지 아니하기 때문이요
> 구하여도 받지 못함은 정욕으로 쓰려고 잘못 구하기 때문이라
> (약 4:2-3).

오직 믿음으로 구하고 조금도 의심하지 말라
의심하는 자는 마치 바람에 밀려 요동하는 바다 물결 같으니
이런 사람은 무엇이든지 주께 얻기를 생각하지 말라
두 마음을 품어 모든 일에 정함이 없는 자로다(약 1:6-8).

우리가 기도할 때
하나님은 일하신다

우리의 싸움은 혈과 육을 상대하는 것이 아니다. 악의 영들을 상대한다. 기도와 말씀만이 무기다. 눈 뜨자마자 스마트폰과 TV를 켜는가? 무엇이 그렇게 중요한가? 무엇이 그렇게 급한가? 마음을 급하게 만드는 것을 내려놓으라. 진짜 급한 것은 하나님을 대면하는 것이다. 하루 중 가장 중요한 일은 하나님과 대면이다. 현대 성도들의 삶은 불필요하게 바쁘다. 번잡하다. 정리되지 않고 허둥댄다.

기도하는 시간은 하나님이 내 속에 정한 마음을 창조하시고 정직한 영을 새롭게 하시는 시간이다(시 51:10). 주의 구원의 즐거움을 내게 회복시켜 주시는 시간이다(시 51:12). 하나님이 나의 말에 귀를 기울여 주시고 나의 심정을 헤아려 주시는 시간이다(시 5:1). 하나님이 계획하신 소유를 내게 주겠다는 약속을 되새기는 시간이다(시 2:8). 성산에서 응답하시는 하나님과만 은밀하게 만나는 시간이다(시 3:4). 내 마음의 소원을 들어주시고 입술의 요구를 거절하지 않으시는 하나님을 그 누구의 방해도 받지 않고 보는 시간이다(시 21:2).

내가 기도하는 시간에, 내가 하나님과 씨름하는 시간에 하나님은 나를 위해 일하신다. 졸지도 않으시고 주무시지도 않으시는 하나님이 내 오른쪽에 든든하게 서 계시면서, 내 기도가 내 품으로 돌아오게 하시려고 일을 하신다(시 16:8, 35:13, 121:4). 약속한 것을 지키시기 위해 참으로 많은 일을 하신다(신 8:18). 내가 평안히 눕고 자고 깨고 내가 안전히 살도록 모든 일을 하신다(시 3:5, 4:8, 127:2). 하나님은 나의 영혼을 건지신다(시 6:4).

내가 기도할 때 하나님은 원수가 부끄러움을 당하고 떨고 등을 보이고 물러가게 하신다(시 6:10). 나를 미워하는 자를 끊어 버리신다(시 18:40). 악인의 소원을 허락하지 않으시고 악한 꾀를 이루지 못하게 하신다(시 140:8). 하나님이 나를 대신해 원수를 끝장내신다(시 7:11-16, 9:3, 6). 뜨거운 숯불이 그들 위에 떨어지게 하신다(시 140:10). 주를 찾는 자를 버리지 않으시고 사망의 문에서 일으키신다(시 9:10-13). 나의 재앙과 원한을 감찰하신다(시 10:14). 내 영혼을 사냥꾼의 올무에서 벗어난 새같이 되게 하시고 올무를 끊어 자유롭게 하신다

(시 124:7). 나를 안전한 지대에 두신다(시 12:5). 나를 지켜 주신다(시 16:1). 피할 길을 주신다(고전 10:13). 생명의 길을 보이신다(시 16:11).

하나님은 내가 기도하는 시간에 아뢰는 내 소원을 들으시고, 그 소원대로 행하시고 내 계획을 성취해 주신다(시 10:17, 20:4, 37:4, 145:19). 나의 모든 대적이 능히 대항하거나 변박할 수 없는 구변과 지혜를 주신다(눅 21:15; 단 2:21). 내 산업과 소득과 나의 분깃을 지키신다(시 16:5). 나를 눈동자같이 지키시고 주의 날개 그늘 아래에 감추신다(시 17:8). 주께서 주의 구원하는 방패를 내게 주시며 주의 오른손이 나를 붙들고 주의 온유함이 나를 크게 하신다(시 18:35; 사 41:10-13). 주의 집에 있는 살진 것으로 풍족하게 하신다(시 36:8). 내가 일찍이 일어나고 늦게 누우며 수고의 떡을 먹음이 헛되지 않게 해 주신다(시 127:2). 내게 재물 얻을 능력을 주신다(신 8:18).

하나님은 내가 기도하는 시간에 그의 손으로 붙들고 계셔서 넘어지나 아주 엎드러지지 않게 하신다(시 37:24). 거짓된 입술과 속이는 혀에서 내 생명을 건져 주신다(시 120:2). 나를 다툼에서 건지시고, 여러 민족의 으뜸이 되게 하시고, 내가 알지 못하는 백성이 나를 섬기게 하신다(시 18:43). 아름다운 복으로 나를 영접하시고 순금 관을 머리에 씌우신다(시 21:3). 원수에게 보응하시고, 나는 선대하시고 구원하시고 찬송하게 하신다(시 109:20-21). 원수에게는 재앙을 내리시고,

우리는 양같이 인도하여 내시고 약속의 땅으로 인도하여 살게 하신다(시 78:43-55).

하나님은 주의 위안으로 내 영혼을 즐겁게 하신다(시 94:19). 내 오른쪽에 서서 그늘이 되셔서 낮의 해와 밤의 달이 해치지 못하게 하시고, 환난을 면하게 하시고, 영혼을 지키시고, 출입을 영원까지 지키신다(시 121:5-8). 나의 기도에 응답하시기 위해 때와 계절을 바꾸시고 왕들을 폐하시고 왕들을 세우신다(단 2:21). 왕의 마음을 움직이시고(잠 21:1) 바다를 휘저어 물결을 뒤흔들어 상황을 바꾸신다(사 51:15). 내가 기도할 때 하나님은 내 영혼에 힘을 주어 나를 강하게 하신다(시 138:3).

이처럼 내가 기도할 때 하나님은 나를 위해 일하신다. 아무것도 염려하지 말고 다만 모든 일에 기도와 간구로, 내가 구할 것을 감사함으로 하나님께 아뢰면 모든 지각에 뛰어난 하나님의 평강이 그리스도 예수 안에서 나의 마음과 생각을 지키신다(빌 4:6-7). 그러니 나는 평생에 기도할 수밖에 없다(시 116:2).

> 눈물을 흘리며 씨를 뿌리는 자는 기쁨으로 거두리로다
> 울며 씨를 뿌리러 나가는 자는 반드시 기쁨으로
> 그 곡식 단을 가지고 돌아오리로다(시 126:5-6).

CHAPTER / 06

모든 고난에는
하나님의 뜻이 있다!

내가 겪는 고난에 담긴
하나님의 본심

고난당한 것이 내게 유익이라(시 119:71).

고난의 의미를 정리한다. 나는 수없이 되물었다.

'하나님은 내게 왜 고난을 주셨을까? 왜 고통을 주셨을까? 잘 나가던 나를 왜 한순간에 낮추시고 부끄러움과 수치를 당하게 하셨는가?'

우리는 각기 다른 고난을 경험한다. 목회자는 성도와 인간관계에서 오는 고난을 경험한다. 성도는 교회 안에서 다른 성도와 인간관계에서 오는 고난을 경험한다. 가정에서는 부부나 자녀의 삶을 통해 고난을 경험한다. 세상에서는 돈이나 일을 통해 고난을 경험한다. 고난은 일시적일 수도 있고 오랫동안 이어질 수도 있다. 고난은 우리에게 무슨 의미가 있을까? 내가 얻은 최종 결론은 이것이다.

"몸에 좋은 약이 쓰듯, 고난은 아픔이지만 유익이고 은혜다."

고난당할 때는 고난을 통해 하나님이 내게 어떤 유익을 주실지를 완전히 알기 어렵다. 고난을 견디면서 하나씩 알게 되거나 고난이 다 지나간 후에 알게 된다. 그러면 하나님이 고난을 통해 내게 주시는 유익은 무엇일까?

고난이 가져다주는 수많은 유익

고난은 나를 간절하게 만든다. 간절함은 나를 기도하게 만든다. 그래서 고난은 불의한 사람이 겪는 형벌과 다르다. 고난과 징계가 없으면 사생아요 친아들이 아니다(히 12:8). 나를 고난에 밀어 넣으시는 분은 하나님이시다. 주께서 나를 고난에 밀어 넣으셔서 괴롭게 하심은 성실하심 때문이다(시 119:75). 주의 성실하심이 나를 고난에 밀어 넣고, 고난을 통해 '간절함'을 만들어 내가 더 깊은 기도의 세계로 들어가게 만든다(호 5:15). 고난은 주를 만날 기회를 준다(시 32:6). 고난은 사슴이 시냇물을 찾듯이 내가 하나님을 갈급히 찾게 만든다(시 42:1). 고난은 내가 잊고 지냈던 하나님을 다시 기억하게 한다. 애굽에서 큰일을 행하신 구원자 하나님을 다시 기억하게 한다(시 106:21).

고난은 나의 지난 시간을 해석해 준다(신 32:7; 시 77:5, 11, 143:5). 고난은 내 죄를 뉘우치고 하나님의 얼굴을 구하게 만든다(호 5:15). 고난은 나를 충심으로 회개하게 만들고, 내가 허물의 사함을 받고 내 죄가 가려졌음을 기억하게 한다(시 32:1). 그리고 회개는 죄 사함과 마음이 상한 자에게 하나님이 주시는 축복을 가져다준다(시 32:5, 34:18). 하나님이 고난을 통해 질책하시더라도 우리는 그것은 잠깐이고 은총은 평생임을 깨닫게 된다(시 30:5).

고난은 세상의 욕망과 하나님처럼 믿었던 것들을 땅에 묻게 한다. 야곱을 다시 생각해 보자. 야곱은 하나님의 은혜로 형 에서의 칼날을 피했다. 절체절명의 위기를 넘긴 야곱은 형을 피해 세겜으로 향했고 그곳에 정착하기 위해 장막 칠 밭도 샀다(창 33:18-19). 세겜은 평야가 넓어서 소와 양 떼를 키우기에 적당한 곳이었다.

하지만 야곱은 세겜이 아니라 벧엘로 돌아가야 했다(창 35:1). 형 에서를 피해 도망갈 때 하나님을 만나 약속을 드렸던 벧엘로 올라가야 했다. 하지만 세겜에 정착하려 했다. 하나님이 아브라함과 이삭에게 약속하신 땅으로 가는 길을 멈추었다. 하나님이 길을 여시면 돌아가면 안 된다. 돌아가면 또 다른 고난을 만난다. 하나님은 야곱을 다시 고난 가운데 밀어 넣으셨다. 하나님은 야곱의 딸 디나가 세겜에서 부끄러운 일을 당하게 하시고, 그로 인해 야곱의 아들들이 세겜 사람을 몰살하여 주변 가나안 족속과 브리스 족속과 전쟁이 일어나 멸망할 위험에 처하게 하셨다(창 34:30).

하나님은 고난에 처한 야곱에게 다시 나타나셨다. 그리고 벧엘로 올라가라 하셨고, 야곱은 집 안에 있는 모든 이방 신상을 세겜 근처 상수리나무 아래 묻었다. 고난 가운데 있는가? 세상의 욕망과 하나님처럼 믿었던 것들을 땅에 묻어야 한다. 야곱은 벧엘로 올라가서 하나님께 제단을 쌓았다(창 35:2-4, 7). 돌단을 쌓았다는 것은 하나님 앞으로 나아갔다는 의미다.

하나님이 지켜보시는 고난은 실패해도 포기하지 않고 다시 일어서서 꾸준히 노력할 수 있는 자기 조절 능력과 회복 탄력성을 길러 준다. 하나님은 고난을 통해 내가 스스로 생각하고 스스로 선택하는 능력을 갖도록 만드신다. 그래서 단단한 사람으로, 멋진 성도로 성장하게 만드신다.

EBS 다큐프라임 "공부 못하는 아이" 3부 '성적표를 뛰어넘는 성공의 비밀' 편에는 삶의 질이 높고 성공적인 인생을 살아가는 사람들의 특성이 나온다. 그들의 경우 부모의 정서적 지지가 높았고 소통이 원활했다. 그런 지지와 소통으로 자존감과 스스로 실패를 극복하고 다시 일어서는 마음의 힘(회복 탄력성)이 길러졌다. 이런 능력을 어려서부터 기른 아이들이 건강하고, 경제적으로 부유하고, 자기가 기뻐하고 만족해하는 분야에서 성공적이고 행복한 삶을 살았다고 결론을 냈다.

고등학생 시절 전 과목에서 F를 받아 중퇴했던 학생 토드 로즈는 7년 후 하버드 교육대학원에 입학하고, 나중에 하버드대학교 교수가 된다. 그의 부모는 아이가 학교에서 놀림 받고 성적으로 좌절할 때마다, 집 밖에서 부정적인 말을 들어 마음이 아프고 상처받을 때마다 아이를 끝까지 지지해 주었다. 부모는 아들이 집은 안전한 곳이며 부모의 사랑을 통해 언제나 안전할 것이라고 확신할 수 있도록 노력했다.

로즈의 부모는 아들이 큰 잠재력을 가졌지만 스스로 하지 않으면 안 된다는 것도 알고 있었다. 그래서 그들은 자녀에 대한 기대와 강요를 혼동하지 않았다. 부모는 조언을 할 뿐이지, 선택할 권리는 아이 스스로가 갖는다고 격려했다. "너의 인생은 너 스스로 선택해야 한다"고 가르쳤다. 실수해도, 실수를 통해서도 배울 수 있도록 기다리고 지지했다.

고등학교에서 퇴학당한 로즈는 19세에 결혼을 했다. 아이가 생겼고, 그 후 2년 동안 정부보조금으로 살았고, 10개의 직업을 전전하는 고난 속에 살았다. 그 기간에도 로즈의 부모는 아들과 많은 대화를 했다. 모두가 그를 게으르고 무능한 사람이라고 할 때 아버지는 "너는 게으른 것이 아니다. 도전이 필요할 뿐이다"라고 다독였다. 로즈는 생활고에서 벗어나고자 하는 절박한 마음에 누구나 쉽게 들어가는 커뮤니티 칼리지에 들어가서 공부와 일을 병행했다. 그러나 긍정의 힘과 자신이 좋아하는 분야를 발견하자 놀라운 일이 벌어졌다. 공부를 시작한 지 7년 만에 하버드 교육대학원에 입학했다.

물론 꼭 좋은 대학을 졸업해야 행복한 삶, 성공하는 인생을 사는 것은 아니다. 갤럽과 퍼듀대학이 미국 3만 명의 대학 졸업자를 조사한 공동 연구(2014년)에 따르면, 자신의 목표와 꿈을 이루도록 도와주는 멘토가 있고, 정서적 지지나 도움을 준 사람을 만난 사람이 그렇지 못한 사람보다 삶의 질이 두 배나 높았다.

하나님도 정확하게 우리를 그렇게 양육하신다. 하나님은 우리에게 기대하시지만 강요하지 않으신다. 스스로 깨달을 때까지 기다리신다. 고난의 시간에 늘 우리 옆에서 지지하시고, 소망을 주시고, 고난 중에도 귀를 기울이시고, 믿음으로 일어나게 하신다. 스스로 해야 순종이고, 스스로 해야 성장한다. 설령 우리의 선택이 잘못되고 불완전하더라도 하나님은 책망하지 않으시고 스스로 선택하고 실수를 만회하면서 스스로 배우게 하신다. 오히려 하나님은 내가 하는 실수로 인해 내가 망가지지 않도록 한시도 눈을 떼지 않고 나의 주위를 빙 둘러 보호하신다. 내가 잘못된 선택을 해서 상황을 더 망가뜨려도 나를 지키신다. 내가 해결하지 못해 울고 낙심하고 두려움과 절망에 빠지면 즉시 달려와 안아주시고, "다시 하면 돼" 하며 일으켜 주신다. 기회를 다시 주신다.

하나님은 우리가 고난을 받고 훈련을 할 때마다 오른편에 함께 계신다. 함께 아파하시고 힘들어하시고 애쓰신다. 내가 견디게 하신다. 내 앞의 홍해가 갈라지게 하시거나, 내가 물 위로 걷게 하시거나, 내가 물에 빠지면 내 손을 붙잡아 건지신다. 이기게 하신다. 내가 고난을 통해 새로운 것을 배우고 조금씩 성장하는 것을 뛸 듯이 기뻐하신다. 하나님이 유일하게 책망하시는 것은 하나님을 버리고 다른 신을 섬길 때뿐이다. 그래서 하나님의 자녀로 자존감이 높고, 고난과 실패를 극복하고 다시 일어서는 마음의 힘, 신앙의 힘이 강한 성도로 성장하게 하신다.

고난은 어리석은 부자가 될 뻔한 일을 막아 준다(눅 12:16-21). 고난을 겪으면 재물 얻는 능력을 주시는 분이 하나님이심을 분명히 알게 된다. 먹고 마시는 것이 하나님의 선물임을 알게 된다(전 3:13). 내가 가진 모든 것을 유지하는 것도 하나님의 은혜 아니면 불가능하다는 것을 알게 된다. 형통할 때는 내가 산 같다고 생각하지만, 고난을 만나야 나의 연약함을 비로소 알 수 있다(시 30:6-11). 하나님의 도우심이 없으면 한 치도 나갈 수 없고 일각도 살 수 없다는 것을 깨닫는다. 나의 슬픔이 변하여 기쁨이 되게 하시는 분은 하나님뿐이시라는 것을 알게 된다(시 30:11).

우리는 고난의 시간을 지나면서 하나님의 방법, 하나님의 기준을 따라 재물을 관리하고 다스리는 방법을 배우게 된다. 권력, 명예, 욕심을 다스리는 법도 배운다. 화무십일홍(花無十日紅, '열흘 붉은 꽃이 없다'는 뜻으로, '한 번 성한 것이 얼마 못 가서 반드시 쇠하여짐'을 의미함)이요, 권불십년(權不十年, '권력이 10년을 가지 못함'이라는 뜻)이다.

스포츠에도 '에이징 커브'(Aging Curve)가 있다. 에이징 커브란 나이를 먹으며 신체 능력 등 전반적인 기량이 급격히 하락 곡선을 그리는 현상이다. 고난은 "세상에 영원한 것은 없다. 곧든 탑도 무너진다. 그래서 항상 겸손해야 한다. 영원한 것은 하나님 나라 밖에 없다"는 진리를 잊어버리지 않게 한다. 고난을 통해 세상을 사는 지혜도 배우게 된다. 고난 이후에 어떻게 살아야 하는지도 배우게 된다.

어리석은 인간은 내일 일에 대한 염려를 미리 하고, 심지어 어제 지나간 괴로움도 잊어버리지 못하고 붙잡혀 산다. 우리는 염려하면 문제를 해결할 수 있다고 생각한다. 아니다. 염려함으로 그 키를 한 자라도 더할 수 없듯이 염려는 문제를 해결하지 못한다(마 6:27). 고난을 겪으면 염려가 아무 쓸모 없다는 것을 알게 된다. 주님은 "내일 일을 위하여 염려하지 말라 내일 일은 내일이 염려할 것이요 한 날의 괴로움은 그날로 족하니라"(마 6:34)라고 하셨다.

그런데 이 말씀은 "어쩔 수 없으니 그냥 하지 말라"라는 의미가 아니다. 주님은 이 말씀 전에 중요한 전제를 두셨다. "내일 무엇을 먹을까, 무엇을 마실까, 무엇을 입을까 생각하지 말라. 너희 하늘 아버지께서 이 모든 것이 너희에게 있어야 할 줄을 '이미' 아신다(마 6:32). 하나님이 이 모든 것을 필요할 때, 필요한 순간에 주신다(마 6:33). 그러니 염려하지 말라. 내일 일은 내일이 염려할 것이다"라고 말씀하셨다. 내일 일은 우리가 염려할 것이 아니라 내일이 스스로 염려할 문제라는 뜻이다. 내일은 하나님의 영역이다. 하나님이 생각하실 영역이다. 내가 고민하고 염려할 영역이 아니라는 뜻이다.

주님은 "한 날의 괴로움은 그날로 족하니라"라는 말씀도 하셨다. 이 말씀의 뜻은 두 가지다. 하나는 "오직 우리는 오늘 한 날에 수고함으로 충분하다"는 말이다. 다른 하나는 "오늘의 괴로움은 오늘로 지나갔으니 그것으로 끝내라. 과거의 괴로움에 붙잡혀 살지 말라"는 말이다.

고난은 문제를 해결하고 싶으면 염려 대신 기도해야 한다는 것을 가르친다. 고난은 나의 종말과 연한을 알게 하고, 나의 연약함을 알게 하고, 나의 날이 한 뼘 길이에 불과한 헛된 일로 소란하기만 했다는 것을 알게 한다(시 39:4-6). 그래서 진정한 소망이 하나님께만 있다는 것을 알게 한다(시 39:7). 고난을 당하다 죽을 수도 있다. 하지만 경건한 자의 죽음은 하나님이 보시기에 귀중한 것이다(시 116:15).

가식과 교만 제거

고난은 '가식과 교만'이라는 누룩을 제거해 준다. 성경에서와 유대인에게 누룩은 불순물, 가식(외식)과 교만을 의미한다. 출애굽을 한 이듬해, 유대인들은 시내 광야에서 허리에 띠를 매고, 신을 신고, 지팡이를 쥐고, 누룩 없는 빵을 먹는 첫 번째 '파스카' 축제를 시작했다. '파스카'(pasca, passover)는 히브리어로 '페사흐'인데, '뛰어넘다'라는 뜻을 가진 '파사흐'에서 유래했다.

유대인들은 이 축제를 지금도 매년 봄마다 지킨다. 파스카 축제는 2단계로 나뉜다. 1단계는 유월절 전날에 누룩이 든 모든 빵을 태우는 의식이다. 자신의 삶에서 불순물과 교만을 태우는 의미다. 그리고 2단계로 일주일의 유월절 기간에 선조들의 이집트 노예 생활의 고통을 상징하는 쓴 나물인 고엽과 히브리어로 '마짜'라고 하는 누룩을 넣지 않은 납작하고 딱딱한 과자 같은 무교병(無酵餠)을 먹는다. 이 기간에는 슈퍼마켓이나 식품 가게에서도 누룩을 넣어 만든 빵을 구할 수 없다. 맥도날드나 피자헛도 유대인의 의식을 존중해서 딱딱한 나무토막 같은 빵으로 만든 햄버거와 피자만 판매한다.

누룩은 효모로, 인간에게 유익한 먹을 수 있는 곰팡이균이다. 누룩은 고대 이집트부터 사용되었다. 이스라엘 백성도 이집트에서 누룩으로 부풀린 빵을 먹었다. 그래서 출애굽 날에 먹은 누룩 없는 빵은 이집트의 누룩 넣은 빵과 대비되는 상징성을 갖는다. 랍비 문헌(HaShulchan Aruch, 459장)에 의하면, 성전 시대 무교병의 두께는 1트파흐(약 10cm)였다. 너무 두꺼워서 한 번 구운 무교병은 식으면 딱딱해서 다시 먹을 수 없다. 일부러 7일 동안 매일 새롭게 무교병을 구우면서 의미를 날마다 되새기게 하려는 목적에서였다.

모세는 무교병을 가리켜 '고난의 떡'이라고 해석하면서, 그것을 먹을 때마다 고난에서 구원하신 하나님의 은혜를 늘 기억할 것을 강조했다(신 16:3). 수천 년 동안 유대인은 무교병을 먹으면서 선조들의 고통을 되새기고 출애굽의 은혜를 기억하고 기대했다.

예수님은 누룩에 대한 또 다른 의미도 가르쳐 주셨다. 누룩은 묵은 것이고 악하고 악의에 찬 것이다. 누룩 없는 빵은 순전함과 진실함을 상징한다(고전 5:7-8). 그래서 예수님은 제자들에게 "바리새인과 사두개인들의 누룩을 주의하라"(마 16:6)라고 말씀하셨고, "너희는 누룩 없는 자가 되라"고 하셨다(고전 5:7). 누룩은 교만을 암시한다. 하나님은 교만을 가장 싫어하신다. 누룩은 인간의 자부심이 이기심과 탐욕, 자만감으로 '커져 가는' 방식을 상징한다. 누룩 없는 빵은 딱딱하고 맛이 없다. 그것을 먹는 것은 예수님의 죽음과 고난의 의미를 기억하고 내 안에 있는 교만과 가식을 제거한다는 의미다.

하나님의 영광으로 한 발 더 가까이

평안할 때도 은혜를 받지만, 고난의 시간에 주시는 하나님의 은혜는 깊이와 넓이가 다르다. 차원이 다르다. 고난은 나의 신앙의 순도를 높인다(욥 23:10; 시 66:10). 하나님은 고난을 통해 우리의 신앙을 순결하게 만드신다. 고난은 자족함을 배우게 한다. 내가 비천에 처할 줄도 알고 궁핍에 처할 줄도 아는 일체의 비결을 배우도록 단련시킨다(빌 4:11-13).

고난은 내 뜻(사명)과 내 양심을 단련한다(시 26:2). 하나님은 아브라함에게 아들을 바치는 고난의 시험을 주시어 뜻을 단련하게 하셨다(창 22:1, 12). 요셉은 하나님의 말씀이 응할 때까지 그 몸이 쇠사슬에 매였고, 그 시간에 하나님은 말씀으로 그를 단련하셨다(시 105:17-19). 그래서 고난은 흔들리지 않고 하나님을 의지하게 만든다(시 21:7). 종일 하나님을 자랑하게 한다(시 44:8).

고난의 연단을 통과하면 하나님의 영광과 축복이 기다린다. 언약의 확인이 기다린다(창 22:16-18). 하나님은 야곱의 꿈에 나타나셔서 약속의 땅에 대한 언약을 다시 확인해 주셨다. 그리고 야곱은 벧엘에서 길을 떠나 약속의 땅 가나안을 향해 나아갔다. 그러자 하나님이 주변 모든 고을들로 야곱을 두려워하게 하여 추격하는 자가 없게 하셨다(창 35:5). 아브라함도 아들 이삭을 바치는 고난의 시험을 통과하자 하나님이 '축복의 언약'을 재확인시켜 주셨다(창 22:16-18).

2023년 9월 18일, 42세 노장 우완 투수 아담 웨인라이트가 세인트루이스 카디널스 구단 사상 세 번째로 200승 투수 반열에 등극했다. 그가 199승에서 단 1승만 더하면 되는 200번째 승리는 결코 쉽지 않았다. 단 1승을 더 올리기 위해 10연패의 괴로움을 겪어야 했고, 12번의 선발 등판이 더 필요했다. 역사적인 그날도 온몸에 테이프를 감싸고 던져야 했다.

웨인라이트는 만신창이가 된 몸으로 밀워키 브루어스와의 홈 경기에 선발 등판해서 7이닝 동안 4피안타 2볼넷 3탈삼진 무실점으로 호투했다. 세인트루이스의 1 대 0의 승리로 역사적인 200승 달성에 성공했다. 웨인라이트가 실점의 위기를 벗어날 때마다 홈 팬들은 기립 박수를 보냈다. 경기가 끝난 후 웨인라이트는 눈물을 흘리며 이렇게 말했다.

"그동안 쓰러질 때마다 다시 일어났다. 여러 번 쓰러졌다는 사실이 자랑스럽다. 나는 몇 번이나 다시 일어났다."

2005년 메이저리그에 데뷔한 웨인라이트가 18시즌 동안 478경기(2668⅓이닝) 200승 128패 3세이브 평균자책점 3.53 탈삼진 2,202개를 달성한 기록은 쉽게 얻어진 것이 아니다. 200번 승리하기 위해 128번 패배했다. 20년 가까운 시간 동안 두려움, 긴장, 동요, 낙관과 비관, 고통과 시련 등 숱한 감정의 곡선을 줄 타듯 하며 얻은 결과다. 수많은 부상과 싸우면서 얻은 결과다.

웨인라이트는 김광현 선수가 세인트루이스에 진출해 코로나로 가족을 만나지 못하고 힘들어할 때 훈련 파트너가 되어 주며 메이저리그 적응을 도왔던 일화로 국내 팬들에게 잘 알려져 있다. 김광현 선수는 그의 200승 소식을 듣고 SNS에 그의 사진과 함께 "Waino(웨인라이트의 별명), respect(존경한다)"라는 축하 글을 올렸다.

미국 메이저리그의 전설적인 홈런왕 베이브 루스는 총 714홈런을 기록했다. 하지만 그는 1,330번의 삼진도 당했다. 루스는 그의 삼진에 대해 다음과 같은 유명한 말을 남겼다.

"Every strike brings me closer to the next home run"(모든 삼진은 나를 다음 홈런에 더 가깝게 해준다).

우리는 고난이 오면 죽을 것만 같다는 생각에 사로잡힌다. 하지만 더 큰 고난에 빠지면 이전 고난만 했다면 재기를 위해 모든 것을 할 수 있었다고 후회한다. 그리고 죽음에 이를 절망에 빠지면 이전의 더 큰 고난이 차라리 나았다고 또다시 후회한다. 그러니 지금의 고난에 감사하고 하나님이 아직 많은 것을 남겨 두셨음을 기억하고 무너지지 말라. 포기하지 말라. 위대한 성공 뒤에는 그만큼의 고난이 따른다. 고난과 실패는 우리를 하나님의 영광과 칭찬에 한 발짝 더 가깝게 한다. 하나님은 고난을 통해 나의 갈 길을 가르쳐 보이시고 나를 주목하여 훈계해 주신다(시 32:8). 고난 속에서 우리는 율례(하나님의 성품, 하나님 자신)를 뼛속 깊이 배우고 새기게 된다(시 119:71).

그렇다. 고난을 당하면 하루 종일 하나님을 생각하게 된다. 하나님이 나에게 고난을 왜 주셨는지, 고난의 의미는 무엇인지, 하나님이 나를 고난에서 진짜 건져 주실 것인지, 성경에 나오는 고난받은 사람들에게 일어났던 은혜와 기적이 나에게도 일어날 수 있는지 등 이 모든 것을 생각하며 말씀을 읽고 기도하고 고민하게 된다. 하나님의 약속을 한 구절씩 곱씹으면서 묵상하고 씨름하게 된다. 하나님의 음성에 세밀해진다. 주의 말씀으로 훈계를 받고 회개하게 된다. 내가 붙잡아야 할 약속의 말씀은 뼛속 깊이 새기고 매일 매 순간 되뇌게 된다.

그러면서 하나님을 배우고 진짜 중요한 것이 무엇인지 배우게 된다. 어떻게 사는 것이 행복하고 영적으로 성공하는 삶인지를 발견하게 된다. 이 과정을 통해 하나님은 나를 귀한 그릇으로 빚으신다. 흙으로 빚어져도 하나님의 손에서 귀하게 빚어질 수 있다(롬 9:21).

고난을 피할 수 있는 사람은 아무도 없다

고난을 피할 수 있는 사람은 없다. 하나님은 크게 쓰고자 하시는 사람일수록 그만큼 커다란 고난에 밀어 넣으신다. 그래서 고난을 당하되 포기하지 않는 것이 중요하다. 고난은 절대로 인생의 종착점이 아니다. 새로운 시작을 위한, 더 나은 미래를 위한, 하나님이 나를 더 귀하게 쓰시기 위한 과정이다.

영국 사상가 중에 토마스 칼라일이라는 사람이 있다. 청교도 집안에서 태어난 그는 '프랑스 혁명사'에 관한 책을 쓰는 것이 평생 소원이었다. 이 책을 통해 유럽 땅에서 지배 계급의 악정(惡政)과 피비린내 나는 전쟁이 되풀이되지 않는 미래가 펼쳐지기를 원했다. 그는 이런 일념으로 10년 동안 원고를 썼다.

최종 탈고를 앞두고 그는 절친인 철학자 존 스튜어트 밀에게 원고 검토를 부탁했다. 스튜어트 밀은 서재에서 원고 검토를 하다가 피곤해서 원고를 서재에 그대로 두고 침대로 가서 잠이 들었다. 그런데 다음 날 아침 하녀가 서재를 청소하다가 방 여기저기에 흐트러져 있는 원고지가 쓰레기인 줄 알고 전부 불 속에 넣어 버렸다. 칼라일의 10년간 수고와 노력이 한순간에 재로 변해 버렸다.

칼라일은 서너 달 동안 식음을 전폐하다시피 하며 낙심에 빠졌고 생의 의욕마저 완전히 잃어버렸다. 비 오는 어느 날, 칼라일은 창밖을 넋을 놓고 바라만 보고 있었다. 비는 서서히 그쳤고 자기 집 앞에 새집을 짓는 일꾼들이 하나둘 나타났다. 그들은 터를 닦고 줄을 놓은 후 벽돌을 하나하나 쌓았다. 그러다가 벽돌이 조금이라도 삐뚤어지면 전부 허물고 다시 쌓기를 반복하면서 차근차근 벽돌을 쌓았다. 그 광경을 보던 칼라일의 머릿속에 한 가지 깨달음이 일어났다.

'한 채의 집을 짓기 위해서도 저토록 정성스러운 노력이 필요

한데, 유럽의 역사를 일으켜 세우기 위한 일에 내가 다시 땀을 흘리지 못할 이유가 어디 있을까.'

그는 다시 펜을 들고 원고를 쓰기 시작했다. 이렇게 탄생한 작품이 『프랑스 혁명사』(1837년)다.

고난은 하나님이 나를 그분의 계획 속으로 이끌어 가시는 수단이다. 성공과 승리는 내게 '기쁨'을 준다. 고난과 고통은 내게 '감동'을 준다. 성공과 승리는 내게 '영광'을 준다. 고난과 고통은 내게 '은혜'를 준다. 고난과 고통은 내게 '깨달음'을 준다. 고난과 고통은 내게 '성숙함'을 준다. 고난과 고통은 내게 '더 큰 사명'을 준다. 세상 역사에서도 파괴와 붕괴는 새로운 시대를 여는 계기가 된다.

랍비들은 '무교병'을 의미하는 히브리어 '마짜'가 '율법'을 의미하는 단어인 '미쯔바'와 자음이 같다는 점을 들면서, 무교병을 먹는 것은 하나님의 율법을 지키는 백성이라는 표시라고도 해석한다. 성전에서 제사장들만 먹을 수 있었던 진설병도 무교병이다. 이를 근거로, 랍비들은 고난의 떡인 무교병을 먹는 7일 동안을 유대인 스스로가 이 세상에서 하나님의 제사장으로서 거룩한 삶을 살고 세상 나라들이 하나님을 경외하는 법을 배우도록 하는 사명을 재확인하는 시간이라고도 해석한다.

기독교가 누룩 없는 빵, 유월절을 기념하는 것은 예수님의 십자가, 예수님의 살과 피를 기억하는 것이다. 예수님이 살과 피로 세우신 새 언약으로 들어가는 길이다. 새로운 삶으로 들어가는 길이다.

> 이르시되 내가 고난을 받기 전에
> 너희와 함께 이 유월절 먹기를 원하고 원하였노라…
> 떡을 가져 감사 기도 하시고 떼어 그들에게 주시며 이르시되
> 이것은 너희를 위하여 주는 내 몸이라
> 너희가 이를 행하여 나를 기념하라 하시고
> 저녁 먹은 후에 잔도 그와 같이 하여
> 이르시되 이 잔은 내 피로 세우는 새 언약이니
> 곧 너희를 위하여 붓는 것이라(눅 22:15-20).

하나님은 고난의 시간에 나를 사명자로 다시 세우기를 원하신다. 고난을 통해 나의 인생에서 새로운 사역이 열리게 하신다. 그러기 위해 하나님은 고난을 통해 나의 인간적인 계획을 무너뜨리시고, 내가 자발적으로 내 발걸음을 주께 맡기게 만드신다(잠 16:9). 이제 이후로는 나를 통해 하나님의 뜻만이 완전해지기를 간구하게 만드신다(잠 19:21). 고난을 통해 내가 하나님만 붙들게 되면 하나님은 나를 가르쳐 주의 뜻을 행하게 하시고(시 143:10)

주를 위한 존귀한 계획을 세우게 하신다(사 32:8).

요셉을 보자. 하나님은 요셉에게 고난을 주셨지만, 그것을 통해 애굽 왕 앞에 서게 하셨다. 존귀한 일이 이루어지게 하셨다. 요셉의 고난은 야곱의 집의 생명을 흉년에서 구하시기 위한(창 45:5-7), 아브라함과 이삭과 야곱과 맺으신 하나님의 약속을 성취하시기 위한(창 46:3), 구속 역사를 이끌어 가시기 위한 수단이었다(창 50:20). 요셉도 그 사실을 알았다.

> 당신들은 나를 해하려 하였으나
> 하나님은 그것을 선으로 바꾸사 오늘과 같이
> 많은 백성의 생명을 구원하게 하시려 하셨나니(창 50:20).

요셉은 하나님이 아브라함에게 하신 약속을 이루시기 위해 자기에게 이런 고난의 길을 주셨다는 사실을 알고 있었다. 창세기 15장에서 하나님은 아브라함에게 이렇게 약속하고 예언하셨다.

> 여호와께서 아브람에게 이르시되 너는 반드시 알라
> 네 자손이 이방에서 객이 되어 그들을 섬기겠고
> 그들은 사백 년 동안 네 자손을 괴롭히리니
> 그들이 섬기는 나라를 내가 징벌할지며

그 후에 네 자손이 큰 재물을 이끌고 나오리라

(창 15:13-14).

요셉은 자신의 고난과 고단한 인생 여정 모두가 이 약속을 성취하시기 위한 하나님의 계획임을 알았다. 자신의 고난이 하나님의 계획과 관리 안에 있다는 것을 알았다. 내가 받는 고난도 작게는 앞으로 다가올 미래 위기에서 나와 나의 집을 구하시기 위함이고, 크게는 나를 하나님의 계획과 언약 안에서 살게 하시기 위한, 나를 통해 거대한 구속 역사 중 한 줄기를 이끌어 가시기 위한 영광의 수단이다.

그러니 고난을 견뎌라. 그 누구도 나의 고난을 대신해 줄 수 없다. 고난을 통한 연단과 영광은 오롯이 나 혼자 걸어가야 하는 길이다. 그래도 외롭다고 하지 말라. 하나님이 고난의 자리에 함께 계신다. 주위에 믿음의 동역자가 있는가? 그들도 당신이 고난의 훈련을 포기하지 않고 완수하도록 기도로 도울 수 있을 뿐이다.

고난 훈련은 나의 몫이다. 하나님과의 씨름은 나의 몫이다. 포기하지 말고 견뎌라. 훈련이 끝나면 하나님이 당신을 제자리로 되돌려 놓으실 것이다. 더 좋은 자리로 높여 놓으실 것이다. 더 중요한 사명을 맡기실 것이다.

때가 되면
하나님이 나를 이끌어 내신다

내가 여호와를 기다리고 기다렸더니
귀를 기울이사 나의 부르짖음을 들으셨도다
나를 기가 막힐 웅덩이와 수렁에서 끌어 올리시고
내 발을 반석 위에 두사
내 걸음을 견고하게 하셨도다(시 40:1-2).

하나님의 모든 계획에는 분명한 때가 있다(창 15:16). 그때가 되면 하나님이 나를 이끌어 내신다. 아브라함을 보라. 요셉을 보라. 경이롭게 일하시는 하나님은 '기한이 이를 때에' 아브라함에게 아들을 주겠다는 약속을 지키셨고(창 18:14, 17:21) 요셉을 위해 새 일을 행하셨다. 다윗은 주께서 자신을 기가 막힌 수렁과 스올에서 끌어내어 살리셔서 원수가 자신의 고난을 보고 기뻐하지 못하게 하신다고 고백했다(시 30:1-3). 그래서 다윗은 고난받는 우리에게 이렇게 조언한다.

너는 여호와를 기다릴지어다
강하고 담대하며 여호와를 기다릴지어다(시 27:14).

"기다리라", "강하고 담대하며 기다리라"라고 자신 있게 말할 수 있는 이유는 하나님이 하나님의 때가 되면 우리를 끌어내사 영광을 보게 하시기 때문이다. 경이롭게 일하시는 하나님은 내가 요나처럼 숨어 있어도 끌어내시고, 요셉처럼 감옥에 갇혀 있어도 끌어내신다. 다니엘처럼 사자 굴에 갇혀 있어도 끌어내신다. 하나님은 우리가 요셉처럼 억울하게 누명을 쓰고 감옥에 갇혀 있어도, 다윗처럼 주목받지 못하고 들판에서 양을 치고 있어도, 야곱처럼 도망자 신세에 처해 있어도, 느헤미야처럼 포로로 잡혀가 있어도 때가 되면 나를 친히 그분의 손으로 이끌어 내신다.

하나님은 "반드시 내가 광야에 길을 사막에 강을 내리니"(사 43:19)라고 약속하셨다. 하나님은 이 약속을 반드시 지키시는 분이다. 성경은 하나님이 친히 다윗을 찾아내셨다고 기록하고 있다(시 89:20-21). 성경은 하나님이 친히 다윗이 젖양을 지키는 중에 이끌어 내셔서 이스라엘을 기르는 자리에 세우셨다고 말한다(시 78:70-71). 하나님은 숨어 있어도 때가 되면 찾아내신다. 찾아내어 견고케 하신다.

고난의 훈련이 끝나면 하나님이 나를 끌어내서 우뚝 세우신다. 하나님이 준비하신 때가 되면 우리를 기가 막힌 웅덩이와 수렁에서 단번에 건져 올리신다. 우리가 상상하지 못한 방법, 경이롭고 희한한 방법으로 나를 이끌어 내신다. 내가 아무도 찾지 않는 낮은 곳에 내팽개쳐져 있어도, 어둡고 더럽고 천한 곳에 떨어져 있어도 하나님은 나를 반드시 이끌어 내신다. 그러니 낙심하지 말고 하나님의 때를 기다려야 한다. 강하고 담대한 마음으로 기다려야 한다.

최근 나는 강의하면서 이 주제를 많이 이야기한다. "충성하면 기적을 보게 된다." '충성하면 기적을 만든다'가 아니다. 충성한다고 해서 내 삶이 바뀌지 않는다. 내 능력이 더 향상되거나 내 건강이 더 좋아지거나 없던 것이 갑자기 생기지 않는다. 충성하면 하나님이 영의 눈을 열어서 하나님이 일하시는 것을 보게 해주시는 것이다.

나는 50년 이상 살아오면서 지금까지 수많은 일을 했다. 하나님이 나를 높이기도 하시고 낮아지게도 하셨지만, 지금 돌아보니 그때마다 하나님이 나보다 앞서 일하셨다는 사실을 깨닫게 된다. 그런데 그때는 보지 못했다. 고난을 겪은 후에야 비로소 하나님이 나로 보게 하시고 기대하게 하시는 것이다.

40년 광야 생활 동안 하나님은 이스라엘 백성의 발이 부르트지 않고 의복이 해어지지도 않게 하셨다. 내 삶이 비록 어렵고 힘들지만, 내일은 또 내일의 일용할 양식을 구해야 하는 상황이지만, 그래도 하나님이 내 곁에 살아 계신다는 사실을 내 삶에서 다시 한 번 체험하자 두려움이 사라졌다. 고난을 겪으면서 하나님은 지금도 동일하게 살아 계신다는 것을 뼈저리게 깨달은 것이다.

내가 비천한 처지에 있다고 낙심하지 말라. 비루해졌다고 절망하지 말라. 다윗은 우리가 비천한 가운데 있어도 하나님은 우리를 기억해 주신다고 고백했다.

> 우리를 비천한 가운데에서도
> 기억해 주신 이에게 감사하라
> 그 인자하심이 영원함이로다(시 136:23).

가난한 처지에 있거나 실패했다고 비관하지 말라. 아무도 나를 알아주지 않는다고 실망하지 말라.

사사 기드온은 "나의 집은 므낫세 중에 극히 약하고 나는 내 아버지 집에서 가장 작은 자니이다"(삿 6:15)라고 자신의 처지를 고백했다. 이런 기드온도 '때가 되자' 하나님이 친히 그분의 손으로 이끌어 내셔서 미디안의 억압에서 이스라엘을 구출하는 사사로 사용하셨다. 선지자 아모스는 뽕나무를 재배하는 농부였고 들판에서 양을 돌보는 목자였다(암 7:14-15). 그는 아무도 알아주지 않는 무명이었지만 '때가 되자' 하나님이 친히 그분의 손으로 이끌어 내셔서 북왕국 이스라엘을 향해 강력한 메시지를 전달하는 선지자로 사용하셨다.

성경은 하나님의 주권과 선택이 인간의 기대나 조건을 초월한다고 강조한다. 그러니 여호와를 기다리고 기다려야 한다. 경이롭게 일하시는 하나님을 믿고 기다려야 한다.

> 내 영혼아 네가 어찌하여 낙심하며
> 어찌하여 내 속에서 불안해하는가
> 너는 하나님께 소망을 두라
> 그가 나타나 도우심으로 말미암아
> 내가 여전히 찬송하리로다(시 42:5).

하나님의 일은 크고 하나님의 생각은 깊다. 어리석은 자는 알지 못한다(시 92:5-6). 그 하나님이 깊고 많은 생각으로 나의 때를 정하신다. 그러니 기다리자. 하나님이 사람의 걸음을 정하신다(시 37:23). 그러니 기다리자. 나도 고난당할 때 가장 많이 되뇌었던 것이 "때가 되면 하나님이 나를 이끌어 내실 것이다"라는 하나님의 약속이었다.

경이롭게 일하시는 하나님은 내가 스올에 있어도, 바다 끝에 있어도 참고 기다리고 기다리면 기가 막힐 웅덩이와 수렁에서 끌어 올려 내 발을 반석 위에 두시고, 내 걸음을 견고하게 하시고, 모든 사람이 나를 두렵게 하신다(시 40:1-3; 잠 20:22). 하나님은 온전한 자의 날을 아신다(시 37:18). 그러니 불평하지 말고 참고 기다리자.

고난은 나를 살리고 성장시키는 훈련이지, 나를 파괴하고 쓰러뜨리고 죽음으로 끌고 가는 저주가 아니다. 이것을 알고, 깨닫고, 믿는다면 고난의 훈련이 끝나면 하나님이 나를 '반드시' 다시 이끌어 내셔서 더 귀한 자리, 더 소중한 자리, 더 필요한 자리에 세우실 것을 믿을 수 있다.

요셉은 하나님의 말씀이 응할 때까지 그의 몸이 쇠사슬에 매였다(시 105:17-19). 요셉은 쇠사슬에 매여도 불평하지 않고 잠잠히 하나님을 기다렸다. 하나님은 여호와를 기다리는 자에게 은혜를 베풀기 위해 친히 '일어나신다'(사 30:18). 하나님을 기다리는 자를 긍휼히 여기시고 기다리는 자마다 복을 주신다. 원수가 괴롭히는가? 기다리라. 그러면 하나님의 때에 그분이 친히 원수에게 보응하신다(잠 20:22). 하나님이 나의 부르짖음을 들으셨으니 때가 되면 기가 막힐 웅덩이와 수렁에서 끌어 올리시고 나의 발을 반석 위에 두사 걸음을 견고하게 하실 것을 믿으라.

나는 하나님의 때를 기다리고 기다렸다. 그리고 나의 믿음은 이루어졌다. 놀랍고 경이로우신 하나님이 나를 다시 이끌어 내셔서 그분이 기뻐하시는 자리에 세우기 시작하셨다. 기가 막힐 웅덩이와 수렁에서 끌어 올리셨다. 사방에서 욱여쌈을 당해 오가지도 못하고 꼼짝도 할 수 없는 자리에서 새로운 길을 내셨다. 다시 하나님을 위해 불꽃처럼 살 수 있도록 내 앞에 놓인 위기의 홍해, 절망의 홍해, 낙심의 홍해, 암울함의 홍해, 죽음의 홍해를 갈라 주셨다.

당신 앞에 있는 고난은 무엇인가? 당신을 가로막고 있는 홍해는 무엇인가? 경이롭게 일하시는 하나님은 홍해에도 길을 내신다. 마음이 완악하여 절대 움직이지 않을 것 같은 사람이 당신의 길을 막고 있는가? 그의 말 한마디면 모든 것이 끝날 것 같은가? 모세를 가로막고 섰던 바로도 그런 인물이었다.

모세를 가로막고 섰던 람세스 2세는 이집트 제19왕조기에서도 가장 강력한 왕권을 가진 사람이었다. (비록 출애굽기에서는 파라오의 이름을 명시하지 않지만 일부 성서학자들은 구약성경 출애굽기의 파라오를 람세스 2세로 추정한다.) 람세스 2세는 이집트 역사상 최고의 명군이었다. 카데시 전투를 포함해 제4차에 걸친 시리아 원정을 통해 패권을 놓고 히타이트와 전쟁을 벌여 승리했던 인물이다. 람세스 2세는 강력한 왕권과 재력으로 아부심벨 대신전이나 비돔(텔 엘-레타바)의 요새와 신도시 라암셋(피람세스) 등 파라오의 위엄을 기리는 수많은 건축물을 축조한 왕이다.

하나님은 이스라엘의 출애굽 기적을 이집트가 가장 약했던 왕조 시절에 행하실 수도 있었다. 하지만 하나님은 무소불위한 권력, 재력, 군사력을 가졌던 람세스 2세가 이집트를 통치하는 최고 강성기에 이스라엘을 출애굽시키셨다. 이것은 무엇을 의미하는가? 이 땅에서 그 어떤 권력자, 재력가, 강자라도 하나님과는 비교가 되지 않는다는 사실을 우리에게 알게 하시려는 것이다. 그 누구라도 하나님과 대적하여 이길 수 없다는 것을 알게 하심이다. 하나님이 당신을 높이시면 그 누구도 막을 수 없다.

한편, 하나님이 당신을 낮추시면 당신이 그 무슨 일을 해도 소용없다. 하나님을 대적했던 람세스 2세는 10가지 재앙에 속절없이 무너졌고, 그가 보낸 최강의 이집트 군대는 홍해에서 몰살되었다. 이렇게 국력이 소모된 이집트 신왕국은 람세스 2세 사후에 서서히 쇠퇴했고, 결국 제19왕조 최후의 파라오 투스레트가 쫓겨나면서 막을 내렸다.

> 모세가 백성에게 이르되
> 너희는 두려워하지 말고 가만히 서서
> 여호와께서 오늘 너희를 위하여 행하시는 구원을 보라
> 너희가 오늘 본 애굽 사람을 영원히 다시 보지 아니하리라
> 여호와께서 너희를 위하여 싸우시리니
> 너희는 가만히 있을지니라(출 14:13-14).

두려워하지 말고 가만히 서서 여호와 하나님 나의 아버지께서 '오늘' 나를 위하여 일하시는 경이롭고 치밀하고 정확한 구원의 역사를 보라. 여호와께서 나를 위해 싸우시니 어제까지 당한 고난이 영원하지 않을 것이다. 아직 고난 중에 있는가? 영적 눈을 열고 다시 보라. 여호와 하나님 나의 아버지께서 환난 날에 나를 하나님의 초막 속에 비밀히 지키시고, 그분의 장막 은밀한 곳에 나를 숨기시며, 높은 바위 위에 두셔서 지키고 계신다(시 27:5).

성경 곳곳에서 "가만히 서서 여호와의 구원을 기다리라, 보라", "군대가 나를 대적하여 진을 쳐도 태연하라"라고 말한다. 하나님의 영광과 구원하심을 천국에서만 아니라 '산 자들의 땅'인 이 땅에서도 확실히 보게 될 것이라고 약속한다(출 14:13; 신 31:6; 수 1:6; 대상 22:13; 시 27:1-3, 5, 14, 31:24, 37:7, 62:1, 5, 78:12-16, 130:6; 사 41:10-13; 애 3:26).

> 너희는 강하고 담대하라 두려워하지 말라
> 그들 앞에서 떨지 말라 이는 네 하나님 여호와 그가
> 너와 함께 가시며 결코 너를 떠나지 아니하시며
> 버리지 아니하실 것임이라(신 31:6).

하나님이 소리만 내셔도 백향목이 꺾이고, 산들이 엎드러지고,

바다가 변하여 육지가 되고, 무리가 걸어서 강을 건너고, 가난한 자가 먼지 더미에서 일어나고, 궁핍한 자가 거름 더미에서 일으켜 세워지고, 임신하지 못하던 여인들이 자녀들을 즐겁게 하는 어머니가 된다(시 29:3-11, 66:6, 113:7-9; 합 3:2-19).

나를 향한 하나님의 위대한 역사에는 나의 개입이 일절 필요 없다. 믿음으로 잠잠히 서서 기다리면 된다. 나의 도움은 천지를 지으신 하나님, 졸지도 않으시고 주무시지도 않으시는 하나님에게서 반드시 나온다.

> 내가 산을 향하여 눈을 들리라
> 나의 도움이 어디서 올까
> 나의 도움은 천지를 지으신 여호와에게서로다
> (시 121:1-2).

하나님은 필요하시면 원수의 마음까지도 바꾸셔서 그분의 일을 이루신다(창 20:3-8, 31:24-29). 하나님은 나를 향한 인자함과 언약을 영원히 지키신다(시 89:28, 34). 하나님은 나를 보호하실 때는 내 우편에 서시고, 나의 문제를 해결하실 때는 나보다 앞서 사자를 보내 일하신다(창 24:7, 32:1-2).

하나님은 사랑과 성실로 나의 길을 '바르고' '정확하게' 인도하신다(창 24:1, 14-27, 48, 56). 우리는 그것을 하나님이 '형통한 길'을 주셨다고 말한다. 하나님이 '범사에 복을 주셨다'고 말한다(창 24:12-14, 37-40). 참고 기다리면 하나님은 가장 좋은 응답을 주신다(창 24:16). 때가 되면 하나님이 나를 이끌어 내신다.

독자들이여! 믿자! 오늘, 하나님은 살아 계신다.

BOOK in BOOK 3

세계사에서 찾은
경이로운 하나님의 역사

보라 내가 새 일을 행하리니 이제 나타낼 것이라
너희가 그것을 알지 못하겠느냐
반드시 내가 광야에 길을 사막에 강을 내리니(사 43:19).

우리 하나님은 위대하시며, 능력이 많으시며, 지혜가 무궁하시다 (시 147:5). 그 하나님은 내가 골방에 들어가 있을 때에도 일하신다. 그 분이 일하시는 방법은 한마디로 "경이롭다"라고밖에 표현할 수 없다.

고대 이집트 역사
톺아보기

고대 이집트인들은 자신들을 특별한 존재로 여겼다. 그들은 이집트인과 비이집트인을 명확하게 구분했으며, 외국인을 극도로 배척하고 경계했다. 천박하고 역겨운 존재로 취급했다. 그들은 때로 비이집트인은 매를 맞아야 알아듣고 말을 듣는다고 믿었다. 수천 년에 걸쳐 남겨진 이집트의 예술과 벽화에서 이집트인이 외국인의 머리를 붙잡고 막대기로 때리는 장면이 자주 나타나는 이유다. 이러한 장면들은 주로 사원의 입구나 무덤의 벽화에서 발견된다.

주전 2000년경 이집트 제11왕조기에 중요한 변화가 일어났다. 파라오가 외국인의 거주와 등용을 늘렸다. 팔레스타인, 시리아에서 온 아시아인들도 많았다. 이집트인들은 이들을 '힉소스'라고 불렀다. 이집트 제11왕조부터 중요한 변화가 일어난 데는 이유가 있다.

이집트는 최초의 파라오로 알려진 나르메르가 상·하 이집트를 통일하면서 시작되었다. 하지만 이집트 문명의 시작점은 제3왕조의 조세르(재위 주전 2686-2649년)부터 제6왕조까지 기간이다. 역사학자들은 이 기간을 '이집트 고왕국 시대'(Old Kingdom of Egypt, 주전 c. 2686-c. 2181년) 혹은 '피라미드 시대'라고 부른다. '기자(Giza)의 대피라미드'라고 불리는 쿠푸왕(재위 주전 2589-2566년)의 피라미드도 이 시기에 건설되었고, 파라오의 중앙집권적인 전제군주의 힘이 강화되기 시작했기 때문이다.

고왕국 말기(제6왕조), 이집트 지방 귀족들은 파라오의 권위를 위협하기 시작했고, 제7왕조에는 70일간 파라오가 70명이나 등장할 정도로 왕조의 통일성이 무너졌다. 20년이라는 짧은 기간만 유지했던 제8왕조에서도 17명에 달하는 파라오가 통치했고, 이들의 지배권은 멤피스 일대로 축소되었다. 이집트 제9왕조 정권은 멤피스 남쪽에 위치한 헤라클레오폴리스에 들어섰다. 이것을 이집트 제10왕조가 계승했지만, 상이집트의 대도시 테베에 이집트 제11왕조가 등장하여 이집트는 둘로 나뉘고 말았다.

이집트 제11왕조(주전 2134-1991년)를 세운 사람은 멘투호테프 1세다. 그는 본래 테베의 총독이었다. 멘투호테프 1세는 멤피스의 중앙 정부가 와해되는 틈을 타서 테베에서 독립 왕조를 세웠고, 아들 인테프 1세부터 파라오 칭호를 사용했다. 주전 2020년경, 제11왕조의 인테프 3세의 아들인 멘투호테프 2세가 둘로 나뉜 이집트를 통일했다. 제11왕조의 파라오들은 하이집트의 제10왕조 세력들과 끊임없이 전쟁을 벌여서 영토를 확장했다. 멘투호테프 2세가 왕위를 물려받을 시점에 제11왕조는 남쪽으로는 나일 제1폭포의 아비도스, 북쪽으로는 체부에 이르는 상당한 영토를 확보했다.

멘투호테프 2세도 그의 이름인 '테베의 전쟁 신인 멘투가 만족하신다'라는 뜻에 걸맞게 전쟁에 뛰어났다. 아주 어린 나이에 파라오에 오른 멘투호테프 2세는 재위 14년째부터 본격적으로 제10왕조의 파라오였던 메리카레와 전쟁을 벌였다. 멘투호테프 2세는 재위 39년

되는 해, 전쟁을 시작한 지 25년 만에 하이집트를 정벌하고 이집트 재통일에 성공했다.

이집트 통일에 성공한 멘투호테프 2세는 이름을 '두 개의 땅을 통일한 자'라는 뜻을 가진 '셰마타위'로 개명했다. 멘투호테프 2세(재위 주전 2060-2010년)는 통일 이집트를 51년간 다스리면서 팔레스타인, 리비아, 가나안, 수단 등지에 군사들을 보내어 이집트에 복속시켰다. 그는 이집트 고왕국 쇠락의 원인이 지방 총독의 권한이 비대한 데 있다고 생각해 권력을 파라오에게 집중시키고 지방 총독들을 찍어 눌렀다. 제10왕조가 임명한 총독들은 모조리 쫓아냈고, 그곳에 자기 사람을 파견했으며, 이들도 매년 정기적으로 감독관들을 파견해 철저하게 감시했다.

멘투호테프 2세의 아들과 손자 파라오는 거대한 제국을 유지하고 국가의 부와 힘을 강화하기 위해 배나 청동기 제품을 만드는 기술들이 필요했다. 이런 기술은 주로 외국인들이 가지고 있었다. 이 시기를 대표하는 청동기 제품을 만들려면 해상무역을 통해서, 멀리는 오늘날 튀르키예 지역인 아나톨리아의 아시리아 상인들이 아프가니스탄이나 이란에서 구해 온 구리와 주석 등 다양한 물품을 재수입해야 했다. 그렇기 때문에 배 만드는 기술은 국가 안보와 경제에 매우 중요했다. 이것이 이집트 제11왕조기부터 파라오들이 외국인의 거주와 등용을 서서히 늘리기 시작한 이유다.

힉소스 민족의 기원은 셈족(Semites), 히브리인, 메소포타미아에서 활동하던 후르리인(Hurrian), 인도-아리안계(Indo-Aryans)의 아시아인 등으로 추정된다. 본래 '힉소스'라는 명칭은 이집트 지방으로 이주해 온 이민족들을 가리키던 고대 이집트어 '헤까 크세웨트'(heqa khsewet, 외국인 통치자, 외국 땅의 왕자들)에서 유래되었다. 하지만 역사가 마네토가 '양치는 목자의 우두머리들'이라는 뜻의 힉소스(Hyksos)로 오역하며 붙여졌다.

이렇게 하이집트에 정착을 시작한 힉소스들은 서서히 이집트 중앙 정치에도 진출했고, 주전 17세기에는 세력이 대규모로 확장되었다. 그리고 관료, 군인 등으로 활동하며 세력을 키운 이들은 고대 이집트 중왕조(Middle Kingdom of Egypt)의 왕조 교체기의 혼란을 틈타 시나이 반도에서부터 나일강 동부의 델타 유역을 장악했다. 상이집트에는 본토인으로 구성된 제14왕조가 여전히 존재했지만 미약한 세력이었다. 이때부터 이집트 역사의 중심이 하이집트를 장악한 힉소스 왕조로 넘어갔다.

힉소스 출신 최초의 군주는 살리티스로, 고대 이집트 중왕조의 제15왕조 시절에 등장했다. 살리티스 이후 제16왕조에 이르기까지 108년 동안 6명의 힉소스 왕이 이집트를 통치했다(주전 c. 1648–1540년).

이것이 요셉을 등용한 힉소스 왕조의 역사다.

역사의 배후에 놓인
경이로운 하나님의 계획

하나님의 역사는 놀랍고 경이롭다. 내가 이집트 역사를 길게 설명한 데는 이유가 있다. 이집트 고왕국 시대의 본거지는 하이집트였다. 하나님은 이집트 중왕조를 연 제11왕조가 상이집트의 대도시 테베를 중심으로 일어나게 하셔서 이집트를 둘로 나누셨다. 그리고 이집트의 통일왕조가 상이집트를 주도하게 하셔서 하이집트에 힉소스 민족이 유입될 여지를 만드셨다. 고대 이집트 총 32개의 왕조 중에서 이민족이 세운 왕조는 힉소스뿐이다.

앞서 언급했듯이 고대 이집트인들은 자신들을 특별한 존재로 여겼고 비이집트인을 천박하고 역겨운 존재로 취급했다. 비이집트인은 매를 맞아야 알아듣고 말을 듣는다고 믿었다. 이런 본토인 문화와 왕조에서는 이방인 요셉이 그 어떠한 공을 세워도 총리 자리에 절대 오르지 못한다. 그래서 하나님은 비이집트인 중심의 힉소스 왕조를 만드시고, 요셉을 바로의 친위대장 보디발의 집에까지 팔려 가게 하셨다. 경이롭지 않은가! 요셉은 나이 17세에 형들에게 이집트로 팔려 갔고(창 37:2), 30세에 힉소스 왕조의 총리가 되었고(창 41:46), 110세를 살고 이집트에서 죽었다(창 50:26). 요셉이 이집트에 거주한 총 햇수는 93년이다. 즉 요셉은 힉소스 왕조 초기에 이집트로 팔려 온 것이다.

창세기 47장에서 바로는 야곱의 가족이 고센 땅에 거주하게 한다. 고센 땅은 이집트 하류의 나일강 삼각주 동부에 위치한 것으로 추정되고, 힉소스 왕들의 권좌인 아바리스나 근처 지역이다. 하나님이 요셉을 이집트 총리로 삼아 이스라엘 백성을 고센 땅(나일강)에 정착하게 해 짧은 시간에 200만 명까지 번성하는 '언약'을 지키기 위해 최적의 터전을 얻게 하시려고 '경이롭게' 일하신 것이다.

힉소스인들이 하이집트를 지배하게 된 힘은 뛰어난 철기 제조 기술이 바탕이었다. 이들은 조립식 활, 개량된 전투용 도끼 등 철제 무기를 비롯한 각종 최신 무기와 도구를 도입했으며, 말을 이용한 전차로 무장하여 기동력도 갖추었다. 요새 축조술, 투석기 등도 전술에 사용하여 강력한 군사력을 확보하여 상이집트와 맞섰다. 이들은 토착민의 저항을 무마시키기 위해 이집트식 칭호, 복식, 전통 등을 그대로 이어받았다. 이집트의 신을 비롯한 문화도 존중했다.

하지만 이런 노력에도 불구하고, 하이집트를 중심으로 이집트 제국을 실질 통치하던 제15왕조(힉소스 왕조)와는 별개로 상이집트에는 테베(룩소르)에 이집트 제16왕조, 제17왕조가 연속으로 세워지면서 반(反)힉소스 운동이 계속 일어났다. 창세기 41장에서 힉소스 왕조 파라오가 꿈을 꾸고 안절부절못하는 상황이 이해되는 대목이다.

하나님의 경이로운 역사는 더 있다. 하나님은 아브라함과 맺으신 언약 성취를 위해 힉소스 왕조가 한 번에 무너지지 않게 하셨다. 주전 16세기 이후 상이집트의 세켄엔레 타오 2세는 힉소스 군주 아포피와 전쟁을 벌였다. 세켄엔레는 전투 중에 머리에 도끼와 칼을 맞고 전사했다. 그의 장남 카모세(재위 주전 1555-1550년)가 왕위를 이어 해방전쟁에 돌입했다. 카모세는 힉소스의 철제 전차 군단을 급습하고 경작지를 황폐화시켰지만 아바리스 요새는 함락시키지 못했다.

카모세의 뒤를 이어 동생 아흐모스 1세(재위 주전 1550-1525년)가 상이집트의 파라오에 올랐다. 파라오가 된 아흐모스 1세는 매우 어렸다. 그래서 어머니 아호텝 1세가 한동안 섭정하였다. 아호텝 1세도 힉소스와 전쟁을 이어 갔다. 성인이 되어 통치권을 물려받은 아흐모스 1세는 재위 15년부터 22년까지 힉소스 왕조와 전쟁을 벌였다. 주전 1539년, 아흐모스 1세는 힉소스의 수도 아바리스 요새를 고립시키는 작전으로 함락시켰다. 힉소스인들은 네게브 사막의 사루헨으로 도주해 성을 쌓고 끝까지 항전했다. 아흐모스 1세는 3년간 성을 포위하여 함락시키고 힉소스 세력을 전부 학살했다. 이 전투로 108년에 걸친 힉소스의 이집트 지배가 끝났다.

　다시 말하지만, 힉소스 왕조가 한 번에 무너지지 않고 108년을 버틴 것은 하나님의 계획이다. 하나님의 일하심이다. 이스라엘 백성이 이집트에서 정착의 기틀을 마련할 시간을 주시기 위함이었다.

　그리고 출애굽기 1장 8절의 기록처럼 요셉을 알지 못하는 새 왕이 일어나 이집트를 다스리는 시대가 시작된다. 이집트 역사로 보면, 아흐모스 1세가 이집트를 재통일하여 시작된 신왕국시대(New Kingdom of Egypt, 주전 1550-1077년)다. 아흐모스 1세는 힉소스와의 30년간의 전쟁을 승리로 끝내고 여세를 몰아 누비아와 시리아 원정을 계속하여 영토를 넓혔다. 예술을 장려하고 대규모 건축을 전개하는 등 이집트의 전성시대를 열기 시작했다.

　성경은 이스라엘 자손이 애굽에서 430년을 거주했다고 기록하고 있다(출 12:40). 이집트 역사상 가장 찬란했던 신왕국기는 제18왕조부터 제20왕조까지 약 500년간 유지되었다. 이 중에서 제18왕조는 주전 1550-1292년까지 약 250년간 지속되었고 이집트의 강력한 여성 파라오인 하트셉수트(재위 주전 c. 1479-1458년), 유일신으로 종교 개혁을 추진한 아케나텐(재위 주전 c. 1353-1336년), 황금 마스크 투탕카멘(재위 주전 c. 1332-1323년) 등이 등장한 시기였다.

　제19왕조는 제18왕조의 마지막 파라오였던 호렘헤브가 후사를 남기지 못하고 세상을 뜨자 당시 재상이었던 람세스 1세가 파라오가 되어 시작되었다. 모세(주전 1391-1271년, 유대교 추정 연도)와 대결을 벌였던 이집트의 파라오도 신왕국기 제19왕조 인물이다. 특히 제19왕조는 신왕국기 중에서도 최고 전성기, 황금기였다. 대규모 건축이 많았고, 여기에 이스라엘 백성이 총동원되었다.

> 그가 그 백성에게 이르되
> 이 백성 이스라엘 자손이 우리보다 많고 강하도다
> 자, 우리가 그들에게 대하여 지혜롭게 하자 두렵건대
> 그들이 더 많게 되면 전쟁이 일어날 때에 우리 대적과 합하여
> 우리와 싸우고 이 땅에서 나갈까 하노라 하고
> 감독들을 그들 위에 세우고 그들에게 무거운 짐을 지워
> 괴롭게 하여 그들에게 바로를 위하여
> 국고성 비돔과 라암셋을 건축하게 하니라
> 그러나 학대를 받을수록 더욱 번성하여 퍼져 나가니
> 애굽 사람이 이스라엘 자손으로 말미암아 근심하여
> 이스라엘 자손에게 일을 엄하게 시켜
> 어려운 노동으로 그들의 생활을 괴롭게 하니
> 곧 흙 이기기와 벽돌 굽기와 농사의 여러 가지 일이라

그 시키는 일이 모두 엄하였더라(출 1:9-14).

이런 역사를 이해하면 요셉을 알지 못하는 왕이 나와서 이스라엘 백성을 노예로 삼은 이유도 쉽게 이해된다. 고대로부터 이집트인들은 비이집트인들을 극도로 배척하고 경계했다. 그런데 중왕조 시절에 이런 태도에서 벗어나 비이집트인들에게 유화정책을 쓰고 그들을 중요 요직에 등용하다가 나라를 빼앗겼다. 이스라엘 백성은 그 반역의 왕조에서 최대 수혜를 입은 족속이다. 그리고 그 숫자 또한 거대해졌다. 그들이 다시 힘을 모아 하이집트를 장악하고 새로운 왕조를 세울 수도 있었다.

왕조를 되찾은 상이집트 세력의 선택은 분명했다. 과거처럼 노예로 삼고 매와 채찍을 들어서 다스려야 했다. 파라오가 이스라엘의 사내아이를 모두 죽이라는 명령을 내린 상황도 충분히 납득이 된다. 모세가 이스라엘 백성 전체를 이끌고 네게브 사막으로 3일 길을 가서 하나님께 예배하겠다는 것을 막은 것도 이해가 간다. 이들이 노예 활동을 멈추고 광야에서 전열을 재정비하고 전쟁을 일으킬 수 있다는 두려움이 깔려 있었을 것이다. 역사의 배후에 놓인 하나님의 계획은 정말 경이롭다!

Reflections on Suffering; A Futurist's Perspective

우리 하나님은 위대하시며,
능력이 많으시며, 지혜가 무궁하시다.
하나님이 일하시는 방법은 한마디로
"경이롭다"라고밖에 표현할 수 없다.

사명선언문

너희가 흠이 없고 순전하여……세상에서 그들 가운데 빛들로
나타내며 생명의 말씀을 밝혀 _ 빌 2:15-16

1. 생명을 담겠습니다
만드는 책에 주님 주신 생명을 담겠습니다.
그 책으로 복음을 선포하겠습니다.

2. 말씀을 밝히겠습니다
생명의 근본은 말씀입니다.
말씀을 밝혀 성도와 교회의 성장을 돕겠습니다.

3. 빛이 되겠습니다
시대와 영혼의 어두움을 밝혀 주님 앞으로 이끄는
빛이 되는 책을 만들겠습니다.

4. 순전히 행하겠습니다
책을 만들고 전하는 일과 경영하는 일에 부끄러움이 없는
정직함으로 행하겠습니다.

5. 끝까지 전파하겠습니다
모든 사람에게, 땅 끝까지, 주님 오시는 그날까지
복음을 전하는 사명을 다하겠습니다.

서점 안내

광화문점 서울시 종로구 새문안로 69 구세군회관 1층
02)737-2288 / 02)737-4623(F)

강남점 서울시 서초구 신반포로 177 반포쇼핑타운 3동 2층
02)595-1211 / 02)595-3549(F)

구로점 서울시 동작구 시흥대로 602, 3층 302호
02)858-8744 / 02)838-0653(F)

노원점 서울시 노원구 동일로 1366 삼봉빌딩 지하 1층
02)938-7979 / 02)3391-6169(F)

일산점 경기도 고양시 일산서구 중앙로 1391 레이크타운 지하 1층
031)916-8787 / 031)916-8788(F)

의정부점 경기도 의정부시 청사로47번길 12 성산타워 3층
031)845-0600 / 031)852-6930(F)

인터넷서점 www.lifebook.co.kr